# DIOS SALVE AMÉRICA

El Monte **Suribachi**, en la pequeña isla de **Iwo Jima**, se eleva 550 pies y domina el océano que lo rodea. En 1945, Iwo Jima se convirtió en un objetivo principal en los planes Estadounidenses para llevar la campaña del Pacífico a una conclusión exitosa. En la mañana del 19 de Febrero de 1945, las $4^{ta}$ y $5^{ta}$ Divisiones de Infantería de Marina invadieron la isla después de un bombardeo de 72 horas. El 28° Regimiento de la 5ª División recibió la orden de capturar **Monte Suribachi**. Llegaron a la base del monte la tarde del 21 de Febrero y, en la mañana del 23 de Febrero, los Infantes de Marina de la Compañía E, 2° Batallón, iniciaron el tortuoso ascenso hasta la cima. A las 10:30 AM, los sodados por toda la isla estaban emocionados al ver una pequeña bandera Estadounidense ondeando en la cima del monte. Los hombres en la foto fueron los Cabos **Harlon Block**, **Rene Gagnon**, **Michael Strank**, **Ira Hayes**, y **Franklin Sousley**, junto al Asistente Médico **John Bradley**. **Ira Hayes**. **Strank**, **Sousley**, and **Block** perecieron en combate unos días después. La única foto del evento fue tomada por *Joe Rosenthal* de la AP, y fue inmortalizada en un Monumento a los Marines, obra del escultor Felix de Weldon, en el Cementerio Nacional de Arlington, en Washington DC, en 1954..

**COLECCIÓN CUBA Y SUS JUECES**

*Su muy amable y aceptable carta es, de hecho, muy agradecida a mis sentimientos, que la posición de responsabilidad que se me asignó, viene sin condiciones, salvo sólo las honorables que están implícitas. No me falta el propósito, aunque pueda fallar en la fuerza, para mantenerme libre de malas influencias. Su carta viene en mi ayuda en este punto, muy oportunamente. Que el Todopoderoso conceda que la causa de la verdad, la justicia y la humanidad no sufra en mis manos de **ninguna manera**.*

*Abraham Lincoln*

**EDICIONES UNIVERSAL, Miami, Florida, 2023**

# Dedicatoria

A los padres y madres,
abuelos y abuelas
que persisten en
mantener y defender
las tradiciones
Americanas de justicia y libertad,
y se enfrentan
valientemente a
las incursiones del Marxismo
en la vida diaria
de las nuevas
generaciones.

# Libros por los mismos autores

HISTORIA DE LA QUÍMICA INDUSTRIAL
TOTAL QUALITY AND PRODUCTIVITY MANAGEMENT
PERFORMANCE MANAGEMENT
STRATEGIC PLANNING
MANAGEMENT DEVELOPMENT
PROCESS IMPROVEMENT TEAMS
QUALITY STRATEGIES
GESTIÓN DE FUTURO
CONTRAMAESTRE
BARAGUÁ
POEMAS Y MEMORIAS DE CUBA
JIMAGUAYÚ
GUÁIMARO
FREEDOM EMBATTLED
COLONIAL CUBA
REPUBLICAN CUBA
EXILED CUBA
THREE DAYS IN MARCH
RAÍCES CUBANAS
ÁLBUM DE CUBA
RESCATANDO A MARTÍ
UN FESTÍN DE PALABRAS
DAMN THE REVOLUTION
MADAME SECRETARY
LA GRAN ESTAFA
MEMORIAS DEL ALMIRANTE CERVERA
MATANZAS EN LA INDEPENDENCIA DE CUBA
LA GUERRA DEL 1868
LA TREGUA FECUNDA
LA GUERRA DEL 95
OUR CONSUL IN HAVANA
LA GUERRA DEL 1868
LA TREGUA FECUNDA
LA GUERRA DEL 1895

OUR CONSUL IN HAVANA
EL DIARIO DE GUERRA DE MÁXIMO GÓMEZ
CUBA BAJO LA BANDERA NORTEAMERICANA
CUBA EN 1958
CUBA EN 1959
CATACLYSM OR HOAX
MARXISTS AT THE GATE
MARXISTAS EN LAS PUERTAS
CROWDS
¡VIVA ESPAÑA!
2020
LAND THAT WE LOVE
THE MARXISTS ARE ALREADY HERE
THROUGH THE NIGHT IN AMERICA
VIEJAS ESTAMPAS CUBANAS
CLÁSICOS CUBANOS DE LOS AÑOS DECISIVOS
AMERICAN MILESTONE DOCUMENTS
JACOBO DE LA PEZUELA
PIONEROS DE LA POESÍA CUBANA
LA ESTRATEGIA CLOWARD-PIVEN
HABLANDO DE GEORGE SOROS
LIBERATION THEOLOGY
ON LOOKING
CARTAS Y DOCUMENTOS QUE CUENTAN LA HISTORIA DE CUBA
FREEDOM EMBATTLED
PAINTINGS IN CUBA BY GREAT MASTERS
THE MIND OF FRÉDÉRIC BASTIAT
CIVILIZACIONES E IMPERIOS
ONCE UPON A TIME
DIOS SALVE AMERICA

**OLGA ISABEL NODARSE**
**RAÚL EDUARDO CHAO**

# DIOS SALVE AMERICA

Áreas problemáticas
que debilitan la tradición
y fortaleza de la nación Americana
y han producido temores de
su desintegración como
gran fuerza política.

Copyright © 2023 por
Olga Isabel Nodarse y Raúl Eduardo Chao

Reservados todos los derechos bajo las
convenciones Internacional y Panamericana

**Olga Isabel Nodarse, 1944-2023**
**Raúl Eduardo Chao, 1939-**

———

Primera edición, 2023

EDICIONES UNIVERSAL
P.O. Box 450353 (Shenandoah Station)
Miami, FL 33245-0353. USA
e-mail: ediciones@ediciones.com
http://www.ediciones.com
**(Desde 1965)**

Library of Congress Catalog Card No.: 2023948205

ISBN-13: 978-1-59388-344-7

Diseño de la cubierta: Luis García Fresquet

En las cubierta:
La Ondeante Bandera de los Estados Unidos.

En la Contratapa:
La Estatua de la Libertad a la entrada
del puerto de New York.

Todos los derechos
son reservados. Ninguna parte de
este libro puede ser reproducida o transmitida
en ninguna forma o por ningún medio electrónico o mecánico,
incluyendo fotocopiadoras, grabadoras o sistemas computarizados,
sin el permiso por escrito del autor, excepto en el caso de breves
citas incorporadas en artículos críticos o en
revistas. Para obtener información diríjase a
Ediciones Universal.

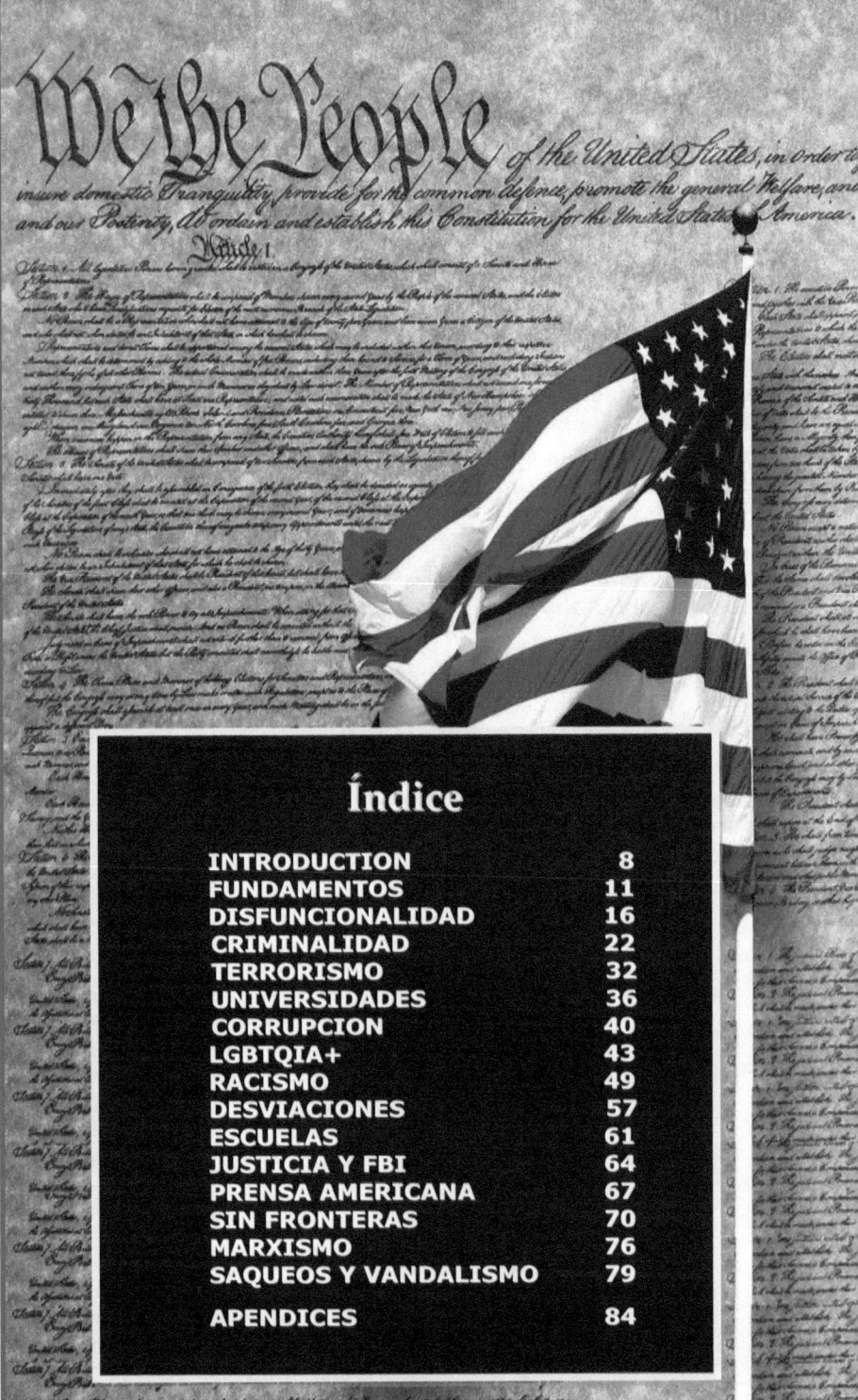

## Índice

| | |
|---|---|
| **INTRODUCTION** | 8 |
| **FUNDAMENTOS** | 11 |
| **DISFUNCIONALIDAD** | 16 |
| **CRIMINALIDAD** | 22 |
| **TERRORISMO** | 32 |
| **UNIVERSIDADES** | 36 |
| **CORRUPCION** | 40 |
| **LGBTQIA+** | 43 |
| **RACISMO** | 49 |
| **DESVIACIONES** | 57 |
| **ESCUELAS** | 61 |
| **JUSTICIA Y FBI** | 64 |
| **PRENSA AMERICANA** | 67 |
| **SIN FRONTERAS** | 70 |
| **MARXISMO** | 76 |
| **SAQUEOS Y VANDALISMO** | 79 |
| | |
| **APENDICES** | 84 |

# Introducción

Durante el primer cuarto del siglo XXI, los Estadounidenses, y la mayor parte del resto del mundo, creen en gran número que Estados Unidos se encuentra en pleno proceso de **decadencia** militar, financiera, tecnológica, demográfica, social, moral, espiritual y cultural. rechazar. Se podría argumentar que la percepción de declive es parte de la cultura Estadounidense y que *"la opinión generalizada de que la cultura Estadounidense está en declive es tan prevaleciente en el país como el pastel de manzana o el juego de football."* Quizás esas ansiedades tengan una existencia propia que sea bastante distinta de la posición geopolítica real del país, y que surgen de algo profundamente arraigado en la *psique colectiva* Estadounidense, más que de un sobrio análisis político y económico.

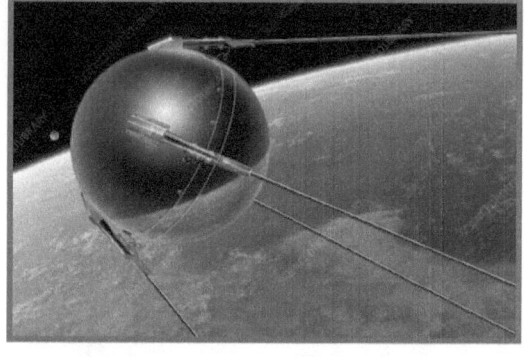

No es fácil determinar cuál es la verdad y cuál es la fantasía. Históricamente, las opiniones pesimistas han llegado en distintas oleadas, como en reacción al lanzamiento del *Sputnik* por parte de la Unión Soviética, la derrota de nuestras tropas durante la *Guerra de Vietnam*, la *crisis del petróleo* de 1973, las tensiones con los soviéticos en la *Crisis de los Cohetes* de los años sesenta, el auge del *marxismo académico* dentro de nuestras universidades, el capitalismo radical *invirtiendo en China*, y el regreso a los enfrentamientos *raciales*, entre otras causas.

En 2021, el 79% de más de 2,000 Estadounidenses encuestados dijo que Estados Unidos se está desmoronando.

«... la hegemonía de EE. UU., que siempre ha estado respaldada por la fuerza económica, el poderío militar y el poder blando del dominio cultural, se ha erosionado demasiado...»

Según un informe de 98 páginas de la Comisión de Estrategia de Defensa Nacional,

«Las antiguas ventajas militares de Estados Unidos han disminuido, y el margen de error estratégico del *país se ha vuelto angustiosamente pequeño. Han proliferado las dudas sobre la capacidad de Estados Unidos para disuadir y, si es necesario, derrotar a sus oponentes y cumplir sus compromisos globales. La disfunción política y los excesos presupuestarios han sido los factores que han impedido que el gobierno se mantenga al día con las amenazas en verdaderas crisis de se*

*guridad nacional. El continuo gasto deficitario, especialmente en el fortalecimiento militar, ha sido la razón más importante del declive de cualquier gran potencia. A partir de 2017, se estimó que los costos de las guerras en Irak y Afganistán alcanzaron los $ 4.4 Billones, lo que casi igualó los presupuestos de seguridad combinados del resto del mundo.»*

Hay 38 instalaciones Estadounidenses grandes y medianas repartidas por todo el mundo en 2023, en su mayoría bases aéreas y navales; aproximadamente el mismo número que las 36 bases navales y guarniciones del ejército de Gran Bretaña en su cenit imperial en 1898.

Comparando los Estados Unidos de 1963 con las estadísticas 60 años después, en 2023, ha habido un *aumento de los delitos violentos* en más de 6 veces, los *nacimientos ilegítimos* en más de 5 veces, la *tasa de divorcios* en 5 veces, el porcentaje de niños que *viven con un solo adulto* - madres, padres o abuelos- por 4 veces, y la *tasa de suicidio adolescente* por 3 veces. Los ingresos, la riqueza y la esperanza de vida en los Estados Unidos se han estancado para gran parte de la población. La participación de los Estados Unidos en la producción mundial ha caído del 45% en 1963 al 25% en 2023. La participación de los Estados Unidos en el ingreso mundial fue del 34.6% en 1963, cayendo al 19.1% en 2023. En los Estados Unidos, el multiplicador de un *sueldo gerencial* con relación al sueldo de un obrero, pasó de 24:1 en 1963 a 262:1 en 2023.

En la década de 1980, Estados Unidos pasó de ser la nación *acreedora* más grande del mundo a convertirse en la nación *deudora* más grande del mundo. A comienzos de la década, los activos externos netos de los Estados Unidos eran *mayores* que los activos externos netos

combinados de *todos* los demás acreedores. En estos días, los valores y activos reales Estadounidenses que son propiedad de *extranjeros,* son ya mayores que los valores y activos fuera de los Estados Unidos que son propiedad de Estadounidenses. En los años de la postguerra inmediata, en los 1950s, era ventajoso para los inversionistas extranjeros comprar activos reales en dólares Estadounidenses para absorber sus excesos de capital. Esa importante inversión extranjera beneficiaba sustancialmente la economía Estadounidense. En 2023, la *hegemonía* del dólar Estadounidense está *bajo serio cuestionamiento.*

Algunos centristas creen que la crisis fiscal Estadounidense proviene del aumento de los gastos en programas sociales o, alternativamente, de los aumentos en el gasto militar para las guerras de Irak y Afganistán, los cuales se proyectaba que fueran en disminución. Si el gasto militar o general dejara de presionar la economía de los Estados Unidos, no contribuiría al declive del país. El verdadero problema es la *mala asignación* de los ingresos y gastos del gobierno, lo que hace que los recursos se desvíen de las *tareas vitales* para mantener el dominio económico o geopolítico, para caer en renglones que favorecen la popularidad del gobierno que está al mando.

El panorama en 2023 no parece muy prometedor. Este libro presenta una serie de síntomas que son, en opinión de muchos economistas y científicos sociales, las causas profundas del declive recurrente o final de los Estados Unidos. Expone deliberadamente el título de este libro: DIOS SALVE AMÉRICA.

# Los fundamentos del Capitalismo

**Capitalismo**

Los mercados libres pueden no ser perfectos, pero probablemente sean la mejor manera de organizar una economía.

A menudo se piensa en el capitalismo como un sistema económico en el que los actores privados poseen y controlan la propiedad de acuerdo con sus intereses, y la demanda y la oferta fijan libremente los precios en los mercados de una manera que puede servir a los mejores intereses de la sociedad.

La característica esencial del capitalismo es el motivo para obtener una ganancia. Según **Adam Smith**, el filósofo del siglo XVIII y padre de la economía moderna:

> «No es de la benevolencia del carnicero, el cervecero o el panadero, de lo que contamos para nuestra cena, sino de su consideración hacia sus propios intereses...»

Ambas partes de una transacción de intercambio voluntario tienen su propio interés en el resultado, pero ninguna puede obtener lo que quiere sin abordar lo que quiere la otra parte. Es ese interés propio racional el que puede conducir a la prosperidad económica.

Adam Smith

En una economía capitalista, los activos de capital, como fábricas, minas y vías férreas, pueden ser de propiedad y control privados, la mano de obra se compra a cambio de salarios monetarios, las ganancias de capital se acumulan para los propietarios privados y los precios asignan el capital y la mano de obra entre usos competitivos; es lo que se llama la ley de oferta y demanda.

Aunque alguna forma de **Capitalismo** es la base de casi todas las economías hoy en día, durante gran parte del siglo pasado fue solo uno de los dos principales enfoques de la organización económica. En el otro, el **Socialismo**, el estado es dueño de los medios de producción y las empresas estatales buscan maximizar el bien social en lugar de las ganancias.

**Pilares del Capitalismo**

Rico McPato

El capitalismo se fundamenta en los siguientes pilares:

1. La **propiedad privada**, que permite a las personas poseer activos tangibles, como terrenos, oro y casas, y activos intangibles, como acciones, títulos de propiedad y bonos.

Propiedad Privada

2. El **interés propio**, a través del cual las personas actúan en busca de su propio bien, sin tener en cuenta presiones sociopolíticas. Sin embargo, estos individuos descoordinados terminan beneficiando a la sociedad sin saberlo ni darse cuenta. En palabras de **La Riqueza de las Naciones** de Adam Smith en 1776:

   *«...es como si estuvieran guiados por una mano invisible.»*

3. La **competencia**, a través de la libertad de las empresas para entrar y salir de los mercados, maximiza el bienestar social, es decir, el bienestar conjunto de productores y consumidores;

4. Los **mecanismos de mercado** que determina los precios de manera descentralizada a través de interacciones entre compradores y vendedores; los precios, a cambio, asignan recursos, que naturalmente buscan la recompensa más alta, no solo por bienes y servicios sino también por salarios;

5. La **libertad de elegir** con respecto al consumo, la producción y la inversión: los clientes insatisfechos pueden comprar diferentes productos de otras fuentes, los inversionistas pueden buscar empresas más lucrativas donde poner su dinero, los trabajadores pueden dejar sus trabajos y buscar mejores salarios;

6. El **papel limitado del gobierno**, para proteger los derechos de los ciudadanos privados y mantener un entorno ordenado que facilite el correcto funcionamiento de los mercados.

Caminos a escoger

La medida en que operan estos pilares distingue varias formas de capitalismo. En los mercados libres, también llamados economías de *laissez-faire*, los mercados operan con poca o ninguna regulación. En las economías *mixtas*, llamadas así por la combinación de los mercados y el gobierno, los mercados juegan un papel dominante, pero están regulados en mayor medida por el gobierno para corregir las fallas o excesos del mercado, como la contaminación y la congestión del tráfico, promover el bienestar social, y por otras razones, como la defensa y la seguridad pública. Hoy en día predominan hoy las *economías capitalistas mixtas*.

### Los múltiples matices del capitalismo

Los economistas clasifican el capitalismo en diferentes grupos utilizando varios criterios. El capitalismo, por ejemplo, puede dividirse simplemente en dos tipos, según cómo se organice la producción. En las **economías liberales de mercado**, prevalece el mercado *competitivo* y la mayor parte del proceso de producción se lleva a cabo de manera *descentralizada*, similar al capitalismo de libre mercado que se observa en los Estados Unidos y el Reino Unido. Las **economías de mercado coordinadas**, por otro lado, intercambian información privada a través de instituciones ajenas al mercado, como sindicatos y asociaciones empresariales, como ocurre en Alemania y Japón.

Más recientemente, los economistas han identificado cuatro tipos de capitalismo que se distinguen según el papel del espíritu empresarial (el proceso de creación de empresas) en el impulso de la innovación y el entorno institucional en el que se ponen en marcha nuevas ideas para impulsar el crecimiento económico.

1 - En el **capitalismo dirigido por el estado**, el gobierno decide qué sectores crecerán. Inicialmente motivado por el deseo de fomentar el crecimiento, este tipo de capitalismo tiene varias trampas: inversión excesiva, elegir a los ganadores equivocados, susceptibilidad a la corrupción y dificultad para retirar el apoyo cuando ya no es apropiado.

2 - El **capitalismo oligárquico** está orientado a proteger y enriquecer a una fracción muy pequeña de la población. El crecimiento económico no es un objetivo central, y los países con esta variedad tienen mucha desigualdad y corrupción.

3 - El **capitalismo de las grandes empresas** aprovecha las economías de escala. Este tipo es importante para la producción en masa de productos.

John Maynard Keynes

4 - El **capitalismo empresarial** produce avances como el automóvil, el teléfono y la computadora. Estas innova-

ciones suelen ser el producto de individuos y nuevas empresas, sin embargo, se necesitan grandes empresas para producir en masa y comercializar nuevos productos, por lo que una combinación de *capitalismo empresarial* y *capitalismo de grandes empresas* parece ser una buena decisión. Ese es el tipo que caracteriza a los *Estados Unidos* más que a cualquier otro país.

### La crítica keynesiana

Durante la Gran Depresión de la década de los 1930s, las economías capitalistas avanzadas sufrieron un desempleo generalizado. En su *Teoría General del Empleo, el Interés y el Dinero* de 1936, el economista británico **John Maynard Keynes** argumenta que el capitalismo lucha por recuperarse de la desaceleración de la inversión porque una economía capitalista puede permanecer indefinidamente en equilibrio con un alto desempleo

Monopoly money

y sin crecimiento. La economía Keynesiana desafió la noción de que las economías capitalistas de *laissez-faire* podrían operar bien de por sí mismas sin la intervención del estado para promover la demanda agregada y luchar contra el alto desempleo y la deflación del tipo que se vio durante la década de 1930. Keynes postuló que se necesitaba la intervención del gobierno (mediante la reducción de impuestos y el aumento del gasto público) para sacar a la economía de la recesión. Esas acciones buscaron moderar el auge y la caída del ciclo económico y ayudar al capitalismo a recuperarse después de la Gran Depresión. Keynes nunca tuvo la intención de reemplazar la economía basada en el mercado por otra diferente; sólo afirmó que la intervención periódica del gobierno era necesaria.

Las fuerzas que generalmente conducen al éxito del capitalismo también pueden marcar el comienzo de su fracaso. Los mercados libres pueden florecer sólo cuando los gobiernos establecen las reglas que los rigen, i.e., las leyes que garantizan los derechos de propiedad, y respaldan los mercados con la infraestructura adecuada, como carreteras y autopistas para mover bienes y personas. Sin embargo, los gobiernos pueden verse influenciados por intereses privados organizados que intentan aprovecharse del poder de las regulaciones para proteger su posición económica a expensas del interés público.

En definitiva, la sociedad debe "*salvar al capitalismo de los capitalistas*", i.e., tomar las medidas adecuadas para proteger el libre mercado de poderosos intereses privados que busquen impedir su funcionamiento eficiente. Cuando el interés político y la clase capitalista se combinan, puede surgir un "*capitalismo de amigotes*," y el *nepotismo* superará y será más gratificante que la *eficiencia*. La concentración de la propiedad de los activos productivos debe simplemente limitarse a garantizar la competencia; dado que la competencia engendra ganadores y perdedores, los perdedores deben ser compensados. El libre comercio y la fuerte presión competitiva sobre las empresas establecidas también mantendrán a raya a los poderosos intereses.

Los ciudadanos necesitan ver las virtudes de los *mercados libres* y oponerse a la *intervención del gobierno* en el mercado, que por lo general trata de proteger a los poderosos a expensas de la prosperidad económica general.

El crecimiento económico bajo el capitalismo supera con creces el de otros sistemas económicos, pero la desigualdad puede seguir siendo uno de sus atributos más debatidos. La dinámica de la acumulación de capital privado conduce inevitablemente a la concentración de la riqueza en menos manos. Las fuerzas equilibradoras del crecimiento, la competencia y el progreso tecnológico, sin embargo, reducen la desigualdad.

Los economistas han adoptado varios enfoques para prevenir o aliviar la desigualdad económica. En las economías de mercado contemporáneas, la tasa de rendimiento de la inversión (las ganancias privadas) supera con frecuencia el crecimiento general de la economía (el Producto Interno Bruto real o PBS). Con la capitalización, si esa discrepancia persiste, la riqueza de los propietarios del capital aumentará mucho más rápidamente que otros tipos de ganancias (salarios, por ejemplo), superándolos finalmente por un amplio margen. En definitiva, una economía capitalista debe ser dirigida en la dirección correcta por las políticas gubernamentales y el público en general para asegurar que la "*mano invisible*" de Adam Smith siga trabajando a favor de la sociedad.

# Disfuncionalidad de instituciones vitales de los Estados Unidos

### Limitaciones del Poder Ejecutivo

En opinión de muchos observadores políticos e institucionales serios, las instituciones Estadounidenses se han vuelto disfuncionales. Es el resultado de la rigidez intelectual y el poder creciente de actores políticos arraigados que impiden la reforma y el reequilibrio. Esto no significa necesariamente que Estados Unidos esté en un curso permanente de declive, o que su poder en relación con otros países necesariamente disminuirá. Sin embargo, la reforma institucional es algo extremadamente difícil de lograr y no hay garantía de que pueda lograrse sin una alteración importante del orden político. Si bien la *decadencia* no es lo mismo que el *declive*, tampoco las dos caracterizaciones dejan de estar relacionadas. Observando de cerca la historia Estadounidense en comparación con la de otras democracias liberales, se resaltan algunas características estructurales clave de la cultura política Estadounidense que, sin importar cómo se hayan desarrollado y cuán efectivas hayan sido en el pasado, se han vuelto problemáticas en el presente.

El Poder Judicial y la Legislatura (incluidos los roles desempeñados por los dos principales partidos políticos), por ejemplo, continúan desempeñando funciones enormes en el gobierno Estadounidense a expensas del Poder Ejecutivo. La desconfianza tradicional de los Estadounidenses hacia "*el gobierno*," lleva a soluciones judiciales para los problemas administrativos. Con el tiempo, esto se ha convertido en una forma muy costosa e ineficiente de atender los requisitos administrativos.

La proliferación de grupos de interés y las influencias de cabildeo han distorsionado los procesos democráticos y erosionado la capacidad del Ejecutivo para operar con eficacia. Cuando "*el gobierno*" no acierta a actuar, como sucede con frecuencia en Estados Unidos, los burócratas de todo el territorio vuelven a una especie de "*altruismo recíproco o amiguismo,*" es decir... "*dictar soluciones que favorecen a familiares y amigos con quienes se han intercambiado favores.*" Además, el sistema Estadounidense de frenos y contrapesos, originalmente diseñado para evitar el surgimiento de una autoridad ejecutiva demasiado fuerte, se ha convertido en una *vetocracia*. El sistema de decisiones se ha vuelto demasiado poroso, demasiado democrático, para su propio bien, dando a demasiados actores los medios para sofocar los ajustes en la política pública. Solo se necesita un Senador, por ejemplo, para sacar de la agenda una propuesta de otro Senador. Se necesitan mecanismos más fuertes para forzar decisiones colectivas pero, debido a la judicialización del gobierno y el papel desmesurado de los grupos de interés, es poco probable que se adopten tales mecanismos a menos que se produzca una crisis sistémica.

Las tres ramas del gobierno de cualquier democracia liberal moderna son el **ejecutivo**, el **judicial** y el **legislativo**, instituciones que administran el estado, rigen sus leyes y generan responsabilidad. En los Estados Unidos, sin embargo, la larga tradición de desconfianza en el poder de "*el gobierno*" gobierno siempre ha considerado al poder judicial y al legislativo como los medios de coerción del ejecutivo, y vigilan y deciden las prioridades institucionales importantes.

Desde principios del siglo XIX, los medios Estadounidenses de gobernar se han caracterizado como un "*estado de tribunales y leyes*". La mayoría de las funciones gubernamentales que en Europa serían llevadas a cabo por un ejecutivo y su burocracia, han sido ejecutadas en los Estados Unidos por **jueces** y **legisladores** electos. Al terminar la Segunda Guerra Mundial, se esperaban cambios en el tamaño relativo del ejecutivo, pero no ocurrieron. En términos tanto del tamaño como del alcance del gobierno, Estados Unidos se ha mantenido y sigue siendo un "*estado de tribunales y leyes*." El porcentaje del PIB, tanto de los gastos gubernamentales como los ingresos fiscales totales, son menores en los Estados Unidos que en la mayoría de

los países Europeos. Como los **legisladores**, y en ocasiones la **judicatura**, deciden el nivel de gastos del gobierno, es muy difícil, por ejemplo, controlar los grandes déficits fiscales.

El costo de "*judicializar*" lo que deberían ser funciones del ejecutivo ha llevado a una explosión de litigios costosos, toma de decisiones lenta y una muy inconsistente aplicación de las leyes. Los tribunales, en lugar de ser "*vigilantes*" del gobierno, se han convertido en gobiernos "*alternativos.*" Por temor a empoderar "*al gobierno*", Estados Unidos han terminado con una enorme burocracia que es muy grande, pero que en realidad es menos responsable porque está en gran parte en manos de "*tribunos no elegidos*", que siempre tienen la última palabra en una Corte Suprema.

Para complicar aún más las cosas y restringir efectivamente las acciones del ejecutivo, muchos grupos de interés y cabilderos han desarrollado sus propios medios para controlar las legislaturas. Distorsionan tanto los impuestos como las asignaciones y no tienen  escrúpulos en manipular los presupuestos incluso a expensas de consecuencias perjudiciales que solo favorecen a las élites en la sombra. La gente llama groseramente a eso "**pork** *(carne de cerdo en Inglés).*" Tanto la "*judicialización*" de la administración como la intervención e influencia de los grupos de interés, socavan la confianza de los ciudadanos en el gobierno, pero la mayoría de los políticos aceptan ese "*statu quo.*"

La disfuncionalidad del gobierno Estadounidense es el resultado de un desequilibrio estructural entre el poder ejecutivo, y el poder y fuerza de tribunales y legisladores, las instituciones que originalmente fueron diseñadas para constreñir (no sustituir) al estado. En otras palabras, **demasiada ley**, demasiada intervención legislativa, y demasiada **dependencia judicial** que entorpece y substituye las acciones de los elegidos para gobernar. Todo esto sucede, por supuesto, furtivamente detrás de las cortinas.

Un ejemplo clásico: "Jane Roe" era el seudónimo de **Norma McCorvey**, una mujer soltera de 22 años que vivía en Dallas en 1970 y que quería interrumpir su embarazo. **Henry Wade** fue el fiscal de distrito del condado de Dallas que hizo cumplir la ley antiaborto de Texas. McCorvey utilizó los servicios de dos recién graduados de la Facultad de Derecho de la Universidad de Texas para desafiar la *Ley Antiaborto de Texas* y tuvo éxito. Wade apeló a la Corte Suprema de los Estados Unidos, que finalmente dictaminó que

"*... una mujer tiene un derecho absoluto durante los primeros tres meses de embarazo para decidir si dar a luz a su hijo o no.*»

McCorvey fue la primera persona en usar el argumento

«*... las mujeres, en consulta con su médico, pueden y deben controlar sus propios cuerpos. Se llama "**right to choose** (derecho de elección en Inglés).*»

Ese ha sido un caso de los **tribunales** actuando como **legisladores**, dejando atrás al **ejecutivo** del país.

Durante los inquietos años de cambio social en las décadas de 1960 y 1970, la legislatura nacional aprobó más de dos docenas de leyes importantes que han abarcado temas que van desde la seguridad de los productos, la limpieza de desechos tóxicos, el ambiente y seguridad del trabajo, los fondos de pensión privados, la seguridad ocupacional y las amenazas a la salud. Eso ha resultado en una sopa de letras de nuevas agencias federales: EEOC (Equal Employment Opportunity Commission), EPA (Environmental Protection Agency), OSHA (Occupational Safety and Health Administration), etc. Sesenta y cuatro agencias creadas entre 1933 y el presente. Ese es un caso de las **legislaturas** actuando en lugar y detrás del poder **ejecutivo**.

## Disfuncionalidad en lo judicial

No hay duda de que existen varios niveles de disfuncionalidad en el sistema de justicia de los Estados Unidos. Durante años, muchos han visto tres patologías fundamentales en el sistema de justicia penal del país que socavan por completo su legitimidad moral y política, convirtiéndolo en una amenaza para el concepto mismo de gobierno constitucionalmente limitado. Los analistas más serios e imparciales creen que las patologías más serias son el exceso inconstitucional de criminalización, la inducción de señalarse y condenarse a sí mismo para evitar males peores, y la responsabilidad casi nula que se requiere de la policía y los fiscales.

El papel apropiado de un sistema de justicia penal en una democracia liberal, es emplear medios sancionados por el estado para desalentar y castigar conductas que amenazan el tejido mismo de la sociedad civil, como asesinato, asalto violento, robo y fraude. La primera y más básica patología del sistema de justicia penal de los Estados Unidos es que excede lo que un sistema de justicia penal puede legítimamente tratar de lograr; se excede en el uso de fuerza contra personas pacíficas de maneras moralmente indefensibles. Un ejemplo común de criminalización excesiva es una ordenanza de Shreveport, LA, que hizo ilegal usar pantalones caídos. Hubo 726 arrestos por violar esa ley durante los 12 años que estuvo en los libros.

Ese exceso de criminalización inconstitucional nunca podría haberse convertido en la amenaza que es hoy si todos los cargos penales se hubieran resuelto utilizando el mecanismo prescrito constitucionalmente de un juicio con jurado. Pero los juicios con jurado son costosos y requieren que doce personas se tomen un tiempo libre de sus trabajos, familias y vidas personales para decidir si condenar a otro ser humano y autorizar el castigo que el estado busca imponer. Sin embargo, el gobierno local, estatal y federal ha pirateado otra restricción clave contra el abuso de la ley penal al reemplazar juicios con jurado costosos, ineficientes e inciertos con un método para decidir cargos penales que es barato, eficiente y seguro: declaración coercitiva. Y negociación. Más del 95% de todas las condenas penales en la actualidad provienen de declaraciones de culpabilidad en lugar de juicios con jurado. Como ha observado la propia Corte Suprema, la justicia penal Estadounidense actual es, en su mayor parte, un sistema de alegatos, no un sistema de juicios.

Inducir a las personas a que se condenen a sí mismas es una solución intrínsecamente mala, ya que obtener declaraciones de culpabilidad de una persona acusada los trata de manera idéntica, independientemente de su estado real de culpable o inocente. Misma prisión preventiva, acumulación de cargos, mínimos obligatorios e incluso amenazas de acusar a un miembro de la familia del acusado. La coerción en la negociación de culpabilidad ha resultado en la práctica eliminación de los juicios con jurado y permite al gobierno obtener condenas sin los gastos y las molestias de ese procedimiento constitucionalmente prescrito. Una patología final del sistema de justicia penal de Estados Unidos es fácilmente prevenible: la responsabilidad casi nula de los miembros de las fuerzas del orden, incluidos la policía y los fiscales; ambos ejercen un poder extraordinario sobre la vida de los demás, incluido incluso el poder de la vida y la muerte, y, sin embargo, son las personas menos responsables del planeta.

En resumen, tenemos un doble rasero masivo entre el nivel de responsabilidad del acusado y los miembros de las instituciones encargadas de hacer cumplir la ley. Desafortunadamente, no es el único estándar doble en nuestro sistema de justicia.

Merrick Garland, un juez de la corte federal de apelaciones desde hace mucho tiempo que había sido elegido por el presidente Barack Obama para la Corte Suprema de los Estados Unidos, trató de restaurar su reputación de independencia política prometiendo la igualdad de justicia al ser nombrado a cargo del Departamento de Justicia.

Merrick Garland

Garland, sin embargo, ha redoblado los síntomas de un sistema dual de justicia en Estados Unidos. Donald Trump, un expresidente, ha sido acusado de cientos de acusaciones, acusaciones y comparecencias ante los tribunales por "*delitos y faltas*" que intentan subvertir el valor sagrado de la democracia que los fundadores de los Estados Unidos establecieron en su Constitución. El presidente Biden, por otro lado, ha sido cómplice de esquemas organizados por su hijo Hunter para vender influencia y apoyo oficial en acuerdos comerciales que benefician económicamente a la familia Biden. Como republicano, el presidente Trump ha sido perseguido desde que incluso anunció su candidatura. Como demócrata, el presidente Biden nunca ha tenido un solo caso de funcionarios federales que investiguen sus negocios lucrativos e inexplicablemente exitosos y su éxito en la acumulación de una fortuna considerable. Este es un tema que ha dividido profundamente a América y la coloca en la compañía de regímenes totalitarios que manipulan el sistema de justicia a placer de poderosos y criminales caudillos.

## Otras disfuncionalidades

A pesar de la riqueza y desarrollo de los Estados Unidos, más de medio millón de personas viven y duermen en las aceras y los parques de las ciudades por encontrar un vivienda personal, por humilde que fuera.

Ha aumentado vertiginosamente el número de personas en los Estados Unidos que conciben el género como un constructo social que descarta una definición del sexo basada en la anatomía al nacer y considera que las vivencias, personalidad, deseos y experiencia de la persona son las determinantes de su identidad sexual.

Residentes sin vivienda

A pesar de los esfuerzos, las leyes y el sentido ético de varias generaciones de Americanos en eliminar el racismo institucional en los Estados Unidos, grupos de inconformes tratan de calificar la sociedad Americana como sujeta irremisiblemente a privilegios para la raza blanca.

---

# Recurrente criminalidad en los Estados Unidos

El **crimen** ha sido un serio problema en los Estados Unidos desde su fundación y ha fluctuado significativamente a lo largo del tiempo, con un fuerte aumento después de 1900 y alcanzando un máximo entre la década de 1970 y principios de la de 1990. Después de 1992, las tasas de delincuencia en general han tendido a bajar cada año, con la excepción de un ligero aumento en los delitos contra la propiedad en 2001 y aumentos en los delitos violentos entre los años 2005-2006 y 2014-2016. Aunque las tasas generales de delincuencia bajaron en algunos años, desde fines de la década de 1980 y principios de la de 1990, la tasa de homicidios en los Estados Unidos se ha mantenido **alta** en relación con otras naciones desarrolladas y de "*altos ingresos.*" Ocho ciudades importantes de los Estados Unidos han sido clasificadas entre las 50 ciudades con la tasa de homicidios **más alta del mundo** en 2022. El costo agregado del crimen en los Estados Unidos es significativo, con un valor estimado de US$4.9 Billones reportados en 2021.

Las estadísticas sobre delitos específicos se detallan en los Informes Uniformes de Delitos anuales de la *Oficina Federal de Investigaciones (**FBI**)* y en las *Encuestas Nacionales de Victimización por Delitos* anuales de la Oficina de Estadísticas de Justicia. Además del *Informe General de Delitos Primarios* conocido como Crimen en los Estados Unidos, el **FBI** publica informes anuales sobre el estado de la aplicación de la ley en los Estados Unidos. Muchas agencias Estadounidenses encargadas de hacer cumplir la ley consideran estándar las definiciones del informe de delitos específicos. Según el **FBI**, el índice de delincuencia en los Estados Unidos incluye delitos violentos y delitos contra la propiedad. El *delito violento* consta de cinco delitos penales: asesinato y homicidio involuntario no negligente, violación, robo, asalto agravado y violencia de pandillas; El *delito contra la propiedad* consiste en robo, hurto, robo de vehículos motorizados e incendio premeditado. El aspecto básico de un delito considera al delincuente, la víctima, el tipo de delito, la

Departamento de Jus-

gravedad y el nivel, y la ubicación. Estas son las preguntas básicas que hacen las fuerzas del orden cuando investigan cualquier situación por primera vez. Esta información se entra en un registro del gobierno mediante un informe de arresto policial, también conocido como *informe de incidente*. Estos formularios presentan toda la información necesaria para poner el delito en el sistema y proporcionan un esquema sólido para que lo revisen más agentes encargados

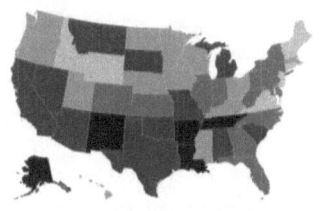

Zonas de violencia

de hacer cumplir la ley. La sociedad tiene un concepto erróneo fuerte sobre las tasas de criminalidad debido a los aspectos de los medios que aumentan su factor de miedo. Los datos delictivos del sistema fluctúan por crimen dependiendo de ciertos factores sociales influyentes, como la economía, la cifra oscura del crimen, la población y la geografía.

Las Tasas de Delitos contra la Propiedad en los Estados Unidos por cada 100,000 habitantes, a partir de 1960, se presentan en publicaciones de la Oficina de Estadísticas de Justicia. A largo plazo, los delitos violentos en los Estados Unidos han disminuido desde la época colonial. La tasa de homicidios se ha estimado en más de 30 por cada 100,000 personas en 1700, descendiendo a menos de 20 en 1800, y a menos de 10 en 1900.

Después de la *Segunda Guerra Mundial*, las tasas de criminalidad aumentaron en los Estados Unidos, alcanzando su punto máximo desde la década de 1970 hasta principios de la de 1990. Los delitos violentos casi se cuadruplicaron entre 1960 y su punto máximo en 1991. Los delitos contra la propiedad se duplicaron con creces durante el mismo período. Sin embargo, desde la década de 1990, contrariamente a la idea errónea común, el crimen en los Estados Unidos ha disminuido constantemente y ha disminuido significativamente a fines de la década de 1990 y también a principios de la década de 2000. Se han propuesto varias teorías para explicar este declive:

La hipótesis del **crimen armado** sugiere que la causa es la reducción de la disponibilidad y acceso a armas. Según los reportes...

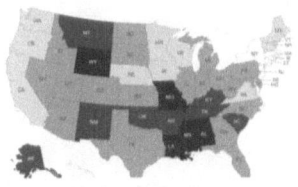

Muertes por armas de fuego

«Dada la disminución en la exposición a las armas entre los niños desde la década de 1980 y los efectos estimados de las armas en la delincuencia, la reducción de la exposición a las armas fácilmente podría explicar una proporción muy grande, sin duda más de la mitad, de la disminución de la delincuencia del período 1994-2004. Un cuidadoso estudio estadístico que relaciona los cambios locales en la exposición a las armas con las tasas de delincuencia locales estima que la fracción de la disminución de la delincuencia debido a la reducción de armas de fuego es superior al 90%.»

El número de agentes de policía contratados y empleados en diversas fuerzas policiales también ha aumentado considerablemente en la década de 1990.

El 16 de Septiembre de 1994, el presidente Bill Clinton promulgó la *Ley de Control de Delitos Violentos y Cumplimiento de la Ley*. Según la ley, se gastaron más de US$30 Billones en ayuda federal durante un período de seis años para mejorar los programas estatales y locales de aplicación de la ley, las prisiones y la prevención del delito. Los defensores de esa ley, incluido el presidente, la promocionaron como uno de los principales contribuyentes a la fuerte caída de la delincuencia que se produjo durante la década de 1990, mientras que los críticos la han descartado como un despilfarro federal sin precedentes.

El encarcelamiento total anual en los Estados Unidos, i.e., la *población carcelaria*, ha aumentado rápidamente desde mediados de la década de 1970. A partir de mediados de la década de 1980, la **cocaína-crack** comenzó a arreciar el crimen rápidamente antes de volver a caer una década más tarde. Numerosos autores han señalado el vínculo entre los delitos violentos y el consumo de crack.

El **aborto** legalizado redujo el número de niños nacidos de madres en circunstancias difíciles; la infancia difícil aumenta las probabilidades de que los niños se conviertan en delincuentes al pasar a adolescentes. La demografía cambiante de una población que envejece ha sido citada por la caída en el crimen en general.

La introducción de la práctica policial basada en datos del sistema *CompStat*[1] ha reducido significativamente los delitos en las ciudades que la adoptaron. La calidad y el alcance del uso de esa tecnología de seguridad aumentaron en la época de la disminución del crimen, después de lo cual disminuyó la tasa de robo de automóviles; esto puede haber causado que las tasas de otros delitos también disminuyan.

Cada estado tiene un conjunto de estatutos aplicables dentro de sus propias fronteras. Un estado no tiene jurisdicción fuera de sus fronteras, aunque todavía se encuentre en los Estados Unidos. Debe solicitar la extradición del estado en el que ha huido el sospechoso. En 2014, había 186,873 sospechosos de delitos menores fuera de la jurisdicción de estados específicos contra los que no se solicitó la extradición. Filadelfia tiene alrededor de 20,000 de estos, ya que está cerca de la frontera con otros cuatro estados. Se estima que la extradición cuesta unos cientos de dólares por caso.

Averigüe Si Su Estado O Territorio Tiene Leyes Contra Los Delitos De Odio O Si Obliga La Recopilación De Datos Sobre Delitos De Odio

El análisis de los datos de arrestos de California indica que las causas más comunes de arresto por delitos graves son *delitos violentos* como *robo y asalto*, delitos *contra la propiedad* como robo con allanamiento de morada y *robo de automóviles*, y

---

[1] **Compstat** es un sistema de gestión del desempeño que se utiliza para reducir la delincuencia y lograr otros objetivos del departamento de policía. Compstat enfatiza el intercambio de información, la responsabilidad y la rendición de cuentas, y la mejora de la eficacia.

delitos relacionados con *drogas*. Para los delitos menores, las causas más comunes de arresto fueron las *infracciones de tránsito*, en particular la *conducción bajo los efectos del alcohol*, los delitos relacionados con las *drogas* y la *falta de comparecencia ante un tribunal*. Otras causas comunes de arresto por delitos menores incluyen *asalto y agresión* y delitos menores contra la propiedad, como *hurtos menores*.

En 2020, el 75% de todos los delitos enumerados fueron cometidos por adultos mayores de 25 años, mientras que solo el 16% fueron cometidos por menores de 17 años. En 2019, el 94% de los delitos fueron cometidos por adultos. Los datos muestran un *"aumento gradual de los delitos a medida que las personas envejecen"*. Con solo una fracción de los delitos cometidos por alguien menor de 18 años, esto demuestra cómo con el tiempo los niños comenzarán a cometer más delitos debido al *condicionamiento de su entorno* y la *influencia de otros adultos*. La exposición de los niños a la violencia a una edad temprana es un *comportamiento aprendido* que termina aumentando sus posibilidades de cometer actos violentos cuando son mayores hasta en un 40%.

Las investigaciones sugieren que estar *socialmente aislado* junto con padres que no establecen límites y no enseñan a sus hijos sobre el riesgo y las consecuencias de ciertas acciones, puede hacer que se cometan actos violentos a medida que crecen. Muchas veces, este tipo de situaciones son más comunes en ciudades altamente pobladas como Stockton y Oakland, lo que hace que el ciclo se repita.

Las personas temen y simpatizan menos con delincuentes que tienen *antecedentes penales violentos*. Los antecedentes penales violentos incluyen cualquier delito de la gravedad de un delito grave violento, como *violación*, *homicidio*, *asalto agravado* y *robo*. Las personas asocian a estos delincuentes con una connotación negativa, especialmente en comparación con aquellos con antecedentes penales no violentos, no sexuales, delitos con un nivel de gravedad de delito menor.

Estados Unidos representa el 97% de las *muertes infantiles* relacionadas con armas entre países similares, a pesar de que representa solo el 46% de la población general de este grupo.

En 2011, las estadísticas enseñan más de 5.8 Millones de victimizaciones violentas y 17.1 Millones de victimizaciones de propiedad en los Estados Unidos; según la Oficina de Estadísticas de Justicia, cada victimización de propiedad correspondía a un hogar, mientras que victimizaciones violentas es el número de víctimas de un delito violento. Ciertos patrones se encuentran dentro de la victimología del crimen en los Estados Unidos. En general, las personas con *ingresos más bajos*, los *menores de 25 años* y los *no blancos* tienen más probabilidades de informar que han sido víctimas de un delito. Los **ingresos**, el **género** y la **edad** tuvieron el efecto más dramático en las posibilidades de que una persona fuera víctima de un delito, mientras que la característica de la raza dependía del delito cometido.

En términos de género, la *Encuesta Nacional de Victimización por Delitos* (**NCVS** en inglés) publicó en 2019 que...

«*el porcentaje de victimizaciones violentas denunciadas a la policía fue mayor para las mujeres (46%) que para los hombres (36%).*»

Esta diferencia se puede atribuir en gran medida a la denuncia de *agresiones simples*, ya que los porcentajes de victimizaciones violentas denunciadas a la policía, excluyendo las agresiones simples, fueron similares para las mujeres (47%) y los hombres (46%). La relación víctima-población de 1.0 para hombres y mujeres muestra que el porcentaje de incidentes violentos que involucran víctimas masculinas (49%) o femeninas (51%) fue igual al de hombres (49%) o mujeres (51%).

Con respecto a *violaciones*, el *Sistema Nacional de Informes Basados en Incidentes* (**NIBRS** en inglés) indica que las mujeres se ven desproporcionadamente más afectadas que los hombres. Según los datos recopilados de 2010 a 2020, las mujeres representan el 89% de las víctimas de violación, mientras que los hombres representan el 11%. Los perpetradores son hombres en un 93%.

El Reino Unido tiene diferentes definiciones de lo que constituye un delito violento en comparación con los Estados Unidos, lo que hace que una comparación directa de la cifra general sea muy difícil. *Uniform Crime Reports* del **FBI** define un "*crimen violento*" como uno de cuatro delitos específicos: *asesinato* y *homicidio no negligente*, *violación forzada*, *robo* y *asalto grave*. El Ministerio del Interior Británico, por el contrario, tiene una definición diferente de delito violento. Incluye todos los "*crímenes contra la persona,*" (desde ataques simples, robos y "*delitos sexuales*"), pero no como lo hace el **FBI**, que solo cuenta los "*ataques con agravantes*" y las "*violaciones forzadas*".

Las tasas de criminalidad se modifican necesariamente al promediar las tasas locales más altas o bajas del vecindario con una población más grande que incluye a toda la ciudad. Tener pequeños focos de delincuencia densa puede aumentar la tasa de delincuencia promedio de una ciudad. Se estima que los delitos violentos en Inglaterra representan hasta US$2.2 Billones según el *Pacific Institute for Research and Evaluation*, lo que es alrededor del 85% del costo total de los delitos en los Estados Unidos.

Criminalidad por fanatismo

Las estadísticas de violación de la **UCR** (Uniform Crime Reporting del FBI) no incluyen la agresión sexual, mientras que la **NCVS** (National Crime Victimization Survey del FBI) sí lo hace; además, la NCVS define la agresión sexual para incluir también el contacto sexual con/sin fuerza y las amenazas verbales de violación o agresión sexual, así como la violación, el intento de violación y la agresión sexual.

En 2019 se produjeron 16,425 casos de homicidio intencional en Estados Unidos. Esto significa que la tasa de homicidios (por cada 100,000 habitantes) se midió en 5.0. Según un informe de 2013 de la *Oficina de las Naciones Unidas contra la Droga y el Delito* (**UNODC**), entre 2005 y 2012, la tasa promedio de homicidios en los Estados Unidos fue de 4.9 por cada 100,000 habitantes en comparación con la tasa promedio a nivel mundial, que fue de 6.2. Sin embargo, Estados Unidos tenía tasas de homicidios mucho más altas en comparación con otros cuatro "*países desarrollados*" seleccionados, que tenían tasas de homicidios promedio de 0.8 por 100.000. Así, por ejemplo, en 2004, hubo 5.5 homicidios por cada 100,000 personas, aproximadamente tres veces más que en *Canadá* (1.9) y seis veces más que en *Alemania* e *Italia* (0.9).

Según el **FBI**, "cuando se identifica la raza del delincuente, el 53.0% eran negros, el 44.7% por ciento eran blancos y el 2.3% por ciento eran de otras razas." Se desconoce en esos reportes la raza de 4,132 delincuentes. De los delincuentes de los que se conocía el género, el 88.2% eran hombres. Según la Oficina de Estadísticas de Justicia de los Estados Unidos, de 1980 a 2008, el 84% de las víctimas de homicidio *blancas* fueron asesinadas por delincuentes *blancos* y el 93% de las víctimas de homicidio *negras* fueron asesinadas por delincuentes *negros*.

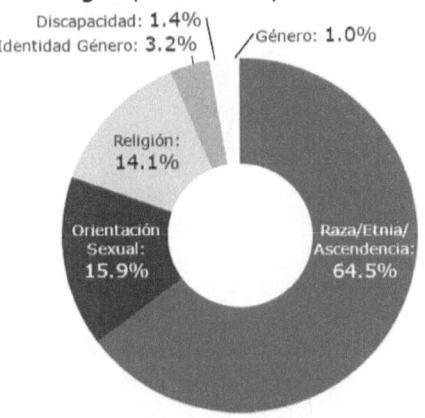

Causas de Criminalidad

Estados Unidos tiene la tasa más alta de propiedad civil de armas per cápita en el mundo. Según el **CDC** (Center for Desease Control and Prevention, la agencia pública nacional de los Estados Unidos), entre 1999 y 2014 hubo 185,718 *homicidios* por uso de arma de fuego y 291,571 *suicidios* por uso de arma de fuego. La tasa de homicidios con armas de fuego fue 18 veces la tasa promedio en otros "*países desarrollados*". A pesar de un aumento significativo en las ventas de armas de fuego desde 1994, Estados Unidos ha visto una caída en la tasa anual de homicidios con armas de fuego de 7.0 por 100,000 habitantes en 2013, a 3,6 por 100,.000 en 2023]. En los diez años entre 2010 y 2020 , la **ATF** (el Bureau of Alcohol, Tobacco, Firearms and Explosives, una agencia dentro del Departamento de Justicia), reportó 37,372,713 autorizaciones para compra de armas, sin embargo, en los cuatro años entre 2020 y 2023, la ATF reportó 31,421,528 autorizaciones.

Según un estudio de 2004 realizado por la *Oficina de Estadísticas de Justicia*, que analizó el período de 2001 a 2020, los Estados Unidos tenían una tasa de robo residencial encuestada más baja que Escocia, Inglaterra, Canadá, los Países Bajos y Australia. Los otros dos países incluidos en el estudio, Suecia y Suiza, tenían tasas de robo solo ligeramente más bajas. Durante los primeros nueve años del período de estudio, las mismas encuestas del público mostraron solo Australia con tasas más altas que los Estados Unidos.

La violencia contra los niños desde el nacimiento hasta la adolescencia se considera un *"fenómeno global"* que adopta muchas formas (física, sexual, emocional) y ocurre en muchos entornos, incluidos el hogar, la escuela, la comunidad, los sistemas de atención y justicia, y la Internet.

Según un informe de 2010 de UNICEF, Estados Unidos tiene la tasa más alta de muertes por abuso y negligencia infantil de cualquier nación industrializada, con 2.4 por cada 100,000 niños; Francia tiene 1.4, Japón 1.0, el Reino Unido 0.9 y Alemania 0.8. Según el Departamento de Salud de los Estados Unidos, el estado de Texas tiene la tasa de mortalidad más alta, con 4.1 por cada 100,000 niños, Nueva York tiene 2.5, Oregón 1.5 y New Hampshire 0.4.

Aborto considerado como delito:
Las zonas más claras: totalmente prohibido.
Medio claras: permitido si peligra la vida de las madres.
Zonas medio oscuras: OK en casos de violación.
Zonas en negro: abiertamente permitido.

Un informe reciente del *Servicio de Investigación del Congreso* indicó que, a nivel nacional, las tasas de delitos violentos y homicidios han aumentado cada año desde 2014 hasta 2022.

En 2016, los datos del *Sistema Nacional de Datos sobre Abuso y Negligencia Infantil* (**NCANDS**) revelaron que aproximadamente 1,750 niños murieron por abuso o negligencia. Esta es una tendencia continua con un aumento del 7.4 % de los delitos contra los niños entre 2012 y 2022 y estas estadísticas se pueden comparar con una tasa de 2.36 niños por cada 100,000 niños en la población general de los Estados Unidos. Además, el 44.2% de estas estadísticas de 2022 son específicas de abuso físico hacia un niño.

La trata o tráfico ilegal de personas se clasifica en los siguientes tres grupos: (1) *trata sexual*; (2) *tráfico sexual y laboral*; y (3) *tráfico laboral*. La tasa de tráfico sexual doméstico de menores ha aumentado exponencialmente a lo largo de los años. El tráfico sexual de niños, i.e., la explotación sexual comercial de niños, se clasifica en las siguientes formas:

*pornografía, prostitución, turismo sexual infantil* y *matrimonio infantil*. Los perfiles de los traficantes y los tipos de trata difieren en la forma en que las víctimas son secuestradas, cómo son tratadas y el motivo del secuestro. Según un informe de 2017, de los 10,615 sobrevivientes de trata sexual informados, 2,762 eran menores de edad.

El Departamento de Justicia de los Estados Unidos define la "explotación sexual comercial de niños," (**CSEC** en inglés) como una variedad de delitos y actividades que implican el abuso o la explotación sexual de un niño para el beneficio financiero de cualquier persona o a cambio de algo de valor. Esos delitos contra los niños, que pueden ocurrir en cualquier momento o lugar, les roban su infancia y son extremadamente perjudiciales para su desarrollo emocional y psicológico. En la trata controlada por proxenetas (facilitadores, encubridores, alcahuetes), el proxeneta suele ser el único traficante involucrado que tiene pleno control físico, psicológico y emocional sobre la víctima. En el tráfico controlado por pandillas, un grupo numeroso de personas tiene poder sobre la víctima, obligándola a participar en tareas ilegales o violentas con el fin de obtener drogas. Otra forma se llama trata familiar, que difiere más de las dos mencionadas antes porque la víctima generalmente no es secuestrada. En cambio, la víctima se ve obligada a ser explotada sexualmente por miembros de la familia a cambio de algo de valor monetario, ya sea pagar una deuda u obtener drogas o dinero. Este tipo de explotación sexual tiende a ser el más difícil de detectar, pero sigue siendo la forma más frecuente de trata sexual de personas dentro de los Estados Unidos.

En 2019, la *Oficina de Justicia Juvenil y Prevención de la Delincuencia* informó que la edad promedio en que los niños son víctimas de la *Explotación Sexual Comercial De Niñas, Niños y Adolescentes* (**ESCNNA**) por primera vez es entre los 12 y los 14 años. Sin embargo, esta edad se ha vuelto cada vez más joven debido al temor de los explotadores de contraer el VIH o el *SIDA* de personas mayores.

En 2018, la *Oficina de Asuntos Públicos del Departamento de Justicia* publicó un informe de la operación "*Corazón Roto*" realizada por los grupos de trabajo de *Crímenes contra Niños en Internet* (**ICAC**), que indica que más de 2,300 presuntos delincuentes sexuales infantiles en línea fueron arrestados por distintas acusaciones.

Las tasas de criminalidad varían en los Estados Unidos según el tipo de comunidad. Dentro de las áreas estadísticas metropolitanas, las *tasas de delitos violentos y contra la propiedad* son *más altas* que el promedio nacional; en las ciudades ubicadas fuera de las áreas metropolitanas, los delitos violentos fueron *más bajos* que el promedio nacional, mientras que los *delitos contra la propiedad* fueron *más altos*. Para las áreas rurales, las tasas de delitos violentos y contra la propiedad fueron *más bajas* que el promedio nacional.

El **FBI** divide los Estados Unidos en cuatro regiones: *noreste, medio oeste, sur* y *oeste*. En 2021, la región con la tasa de *delitos violentos más baja* fue el **Nordeste**, con una tasa de 292.4 por 100.000 habitantes, mientras que la región con la tasa de delitos violentos más alta fue **Occidente**, con una tasa de 413.5 por 100,000 habitantes.

Ese año, la región con la tasa de *delitos contra la propiedad más baja* fue también el **Nordeste**, con una tasa de 1,350.4 por cada 100,000 habitantes, mientras que la región con la tasa de *delitos contra la propiedad más alta* fue el **Oeste**, con una tasa de 2,411.7 por cada 100,000 habitantes.

Las tasas de criminalidad varían entre los estados del país. En 2021, el estado con la tasa de *delitos violentos más baja* fue **Maine**, con una tasa de 115.2 por cada 100,000 habitantes, mientras que el estado con la tasa de *delitos violentos más alta* fue **Alaska**, con una tasa de 867.,1 por cada 100,000 habitantes. Sin embargo, ese año el Distrito de Columbia, tuvo una tasa de delitos violentos de 1,049.0 por 100,000. En ese año también, el estado con mayor índice de *delitos contra la propiedad* fue **Luisiana**, con una tasa de 3,162.0 por 100,000, mientras que el estado con la tasa más baja de *delitos contra la propiedad* fue **Massachusetts**, con una tasa de 1,179.8 por 100,000; Puerto Rico, un territorio no incorporado de los Estados Unidos, tenía una tasa de delitos contra la propiedad de 702.7 por cada 100,000 habitantes.

El crimen en las áreas estadísticas metropolitanas tiende a estar por encima del promedio nacional. En 2021, el área estadística metropolitana con la tasa de *delitos violentos más alta* fue el área metropolitana de **Memphis**, Tennessee, con una tasa de 1,168.3 por cada 100,000 habitantes, mientras que el área estadística metropolitana con la tasa de *delitos violentos más baja* fue el área metropolitana de *Bangor*, Maine, con una tasa de 65.8.

Según Jeffrey Ross, las comunidades urbanas aisladas y desatendidas tienden a perpetuar la criminalidad y la violencia de las pandillas. En los

Estados Unidos, es común que el crimen se concentre en un pequeño número de áreas económicamente desfavorecidas, que pueden permanecer persistentemente afectadas por el crimen sin importar qué grupo étnico viva allí.

Hay opiniones contradictorias sobre la cantidad de delitos federales, pero muchos han argumentado que ha habido un **crecimiento explosivo**, que se ha vuelto abrumador. En 1982, el Departamento de Justicia de los Estados Unidos estimó unos 3,000 delitos en el Código de los Estados Unidos. En 2018, 36 años después, la **Fundación Heritage** publicó un informe que situó el número en un mínimo de 4,450. Cuando el personal de un grupo de trabajo del Comité Judicial de la Cámara de Representantes de los Estados Unidos solicitó al Servicio de Investigación del Congreso (CRS) que actualizara su cálculo de delitos penales en el Código de los Estados Unidos en 2022, el CRS respondió que carecían del personal y los recursos para llevar a cabo tan enorme tarea.

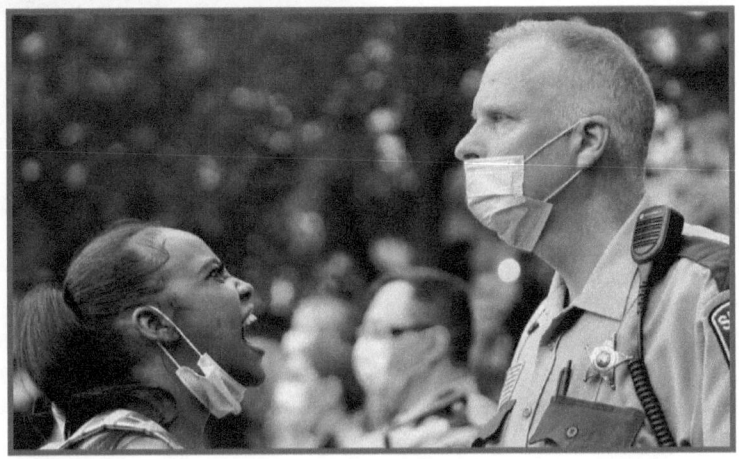

DIOS SALVE AMÉRICA

# El Terrorismo doméstico asedia los Estados Unidos

El terrorismo doméstico está en aumento en los Estados Unidos. Todos menos ocho estados del país experimentaron al menos un incidente de terrorismo doméstico en los últimos cinco años. Las investigaciones relacionadas con el terrorismo interno han crecido un 357 % durante ese período.

El terrorismo doméstico está definido por la ley como...

> «...actividades ilegales que involucran actos delictivos peligrosos para la vida humana en suelo estadounidense que parecen tener la intención de coaccionar a una población civil o influir o afectar la conducta del gobierno.»

En los últimos años, en los Estados Unidos, ha habido numerosos incidentes, ataques o complots que cumplen con esa definición de **terrorismo doméstico**; la mayor cantidad de incidentes ocurrió en estados con grandes áreas metropolitanas: **California** (Los Ángeles, San Diego y San Francisco), **Nueva York,** (sobre todo la ciudad de Nueva York en sí) y **Washington**, D.C. Alrededor del 35% (la categoría más grande) se clasificó como "*por motivos raciales o étnicos*", que son los más letales.

Terrorismo

En Julio de 2016, por ejemplo, un individuo mató a cinco policías en Dallas; en Mayo de 2022, otro individuo disparó y mató a 10 personas en Buffalo, New York, y así sucesivamente. Durante ese período, 15 muertes fueron causadas por extremismo violento motivado contra el gobierno o contra la autoridad.

El gobierno Federal ha estado investigando y enjuiciando activamente actos de terrorismo doméstico; las cifras se han más que cuadruplicado desde 2010. Los fiscales han acusado a 1,584 acusados en 1,255 casos en el tribunal de distrito Federal desde Octubre de 2010 hasta Julio de 2021.

Los llamados "*delincuentes solitarios*" y los pequeños grupos motivados por una variedad de creencias ideológicas y agravios personales continúan representando una amenaza persistente y letal para el país. El ciclo de elecciones generales de 2024 y las decisiones legislativas o judiciales relativas a cuestiones sociopolíticas, son objetivos probables de violencia potencial que podría incluir la infraestructura crítica del país, instituciones religiosas, personas o eventos asociados con la comunidad LGBTQIA+, escuelas, minorías raciales y étnicas, y las instalaciones y el personal del gobierno, incluida agentes de la ley. Los terroristas extranjeros continúan utilizando los medios de comunicación para pedir ataques de "delincuentes solitarios" en Occidente, condenar la política exterior de los Estados Unidos, e intentar expandir su alcance y hacer crecer las redes de apoyo global. Pero lo más difícil para eliminar el terrorismo siguen siendo los grupos radicalizados in ternos que disparan, atacan, queman y matan para manifestar sus puntos de vista radicales sobre eventos y acontecimientos en la historia de los Estados Unidos, como la *esclavitud*, el *racismo* y las *injusticias percibidas*.

Según el **DHS**, hubo más de 400 incidentes de terrorismo doméstico entre 2000 y 2021. De estos, alrededor del 35% (la categoría más grande) se clasificaron como motivados por motivos raciales o étnicos. Estos ataques también fueron los más letales; cinco policías asesinados en Dallas en 2016, 10 personas inocentes asesinadas en Buffalo, Nueva York, en 2022, y así sucesivamente. En general, la mitad de todos los incidentes terroristas domésticos han ocurrido en el contexto de manifestaciones en grandes ciudades, y los objetivos más frecuentes de los ataques fueron las agencias gubernamentales, militares y policiales, algunas de las cuales fueron quemadas hasta los cimientos.

Algunos hallazgos: **Primero**, hubo un aumento significativo en el número y porcentaje de incidentes terroristas domésticos en manifestaciones en grandes ciudades, del 2% en 2010 al 47% en 2020 y al 53% en 2021. Algunas áreas metropolitanas de los Estados Unidos, como **Portland**, **Seattle**, **Nueva York**, **Los Ángeles** y **Washington**, D.C., se están convirtiendo en puntos focales del terrorismo doméstico, donde los extremistas se enfrentan entre sí y contra las fuerzas del orden.

**Segundo**, los organismos encargados de hacer cumplir la ley de los Estados Unidos se han convertido cada vez más en un objetivo de los terroristas nacionales de todos los lados del espectro político. El gobierno, el ejército y, en especial, las fuerzas del orden público, fueron los principales ob-

jetivos de los ataques y complots terroristas nacionales en 2021, y representaron el 43% de todos los ataques. Es probable que fueran atacados independientemente de la ideología del perpetrador, un 48% de los eventos violentos de *extrema izquierda*, y un 37% de las respuestas o iniciativas de personas de *extrema derecha*.

**Tercero**, hubo un aumento en el porcentaje de ataques y complots de anarquistas, antifascistas y otros extremistas de ideas afines. Si bien las milicias antigubernamentales y extremistas afines han realizado el 49% de los ataques desde 2015, el porcentaje de ataques y complots de *anarquistas*, *antifascistas* y *extremistas* afines aumentó del 23% en 2020 al 40% en 2021. Este aumento ocurrió junto con un aumento de la violencia en las manifestaciones, la mayoría de ellas por parte de personas de extrema izquierda de **Black Lives Matter** que reclamaban injusticias en la detención de delincuentes.

El terrorismo se define como el uso deliberado —o la amenaza— de violencia por parte de actores no estatales para lograr objetivos políticos y crear un amplio impacto psicológico. De acuerdo con el Código 18 de USA §2331, la definición formal es...

*«... un acto peligroso para la vida humana que ocurre principalmente dentro del territorio de los Estados Unidos y tiene la intención de intimidar o coaccionar a una población civil, influir en la política de un gobierno mediante intimidación o coacción, o afectar la conducta de un g gobierno por destrucción masiva, asesinato o secuestro»*

Esa definición no incluye el amplio tema de la incitación al odio o los delitos motivados por el odio, aunque la incitación al odio y los delitos motivados por el odio son claramente preocupantes. Existe cierta superposición entre los delitos de odio y el terrorismo, ya que algunos delitos de odio incluyen el uso o la amenaza de violencia. Sin embargo, algunos incidentes, como los grafitis, no implican el uso o la amenaza de violencia, aunque se podría decir que incita a los terroristas. La definición tampoco incluye otras formas de disturbios civiles o actividades delictivas, como saqueos, incendios provocados o allanamiento. Algunos de estos disturbios no involucran violencia, y muchas personas que participan en estas actividades carecen de objetivos políticos o de una intención de causar un impacto psicológico amplio. Son simplemente "*ladrones*". Sin embargo, el conjunto de datos incluye ataques terroristas cometidos por manifestantes, ataques dirigidos a manifestantes y ataques programados intencionalmente para que ocurran junto con las manifestaciones, a menudo para ocultar la identidad o la intención de los perpetradores.

Cuando se habla de las ideologías de los perpetradores, es importante tener en cuenta que las ideologías extremistas no se corresponden con los principales partidos políticos de los Estados Unidos. Los terroristas violentos de extrema derecha pueden estar motivados por ideas de supremacía racial o étnica, misoginia, odio basado en la sexualidad o la identidad de género,

u oposición a ciertas políticas, como el aborto. Los terroristas violentos de extrema izquierda están motivados por una oposición al capitalismo, imperialismo o colonialismo; nacionalismo negro; apoyo a causas ambientales, creencias procomunistas o prosocialistas, o apoyo a sistemas políticos y sociales descentralizados y al anarquismo. Los terroristas religiosos están motivados por un sistema de creencias basado en la fe, como el cristianismo, el hinduismo, el islamismo, el judaísmo o una ideología salafista yihadista.

Los datos sugieren que la violencia es más a menudo planificada y perpetrada por un solo individuo o una pequeña red en lugar de grupos terroristas centralizados y jerárquicos. Con frecuencia, estas personas se inspiran en movimientos o redes ideológicas más amplias y, a menudo, se radicalizan y acceden a los recursos a través de plataformas en línea. Muchas redes se inspiran en el concepto de *"resistencia sin líderes"*, que rechaza las grandes organizaciones estructuradas en favor de las redes descentralizadas o la actividad individual.

En los últimos años, ha habido un aumento notable en el porcentaje de ataques y complots de terrorismo interno en las manifestaciones. Este fenómeno está vinculado a la proliferación de manifestaciones y contramanifestaciones en muchas áreas urbanas de los Estados Unidos causadas por la polarización política, las injusticias raciales percibidas, las elecciones y otros factores. A medida que individuos y grupos ideológicamente opuestos se organizan unos contra otros en áreas urbanas de los Estados Unidos, ha habido una espiral de radicalización, retórica extrema y violencia, un fenómeno al que a menudo se hace referencia como *"radicalización recíproca"*. Como esta situación provoca cada vez más acciones violentas, también puede entenderse como un *"dilema de seguridad"*, en el que los esfuerzos de un lado para aumentar su propia seguridad, generalmente con armas de fuego, armas cuerpo a cuerpo o incendiarias, disminuyen la seguridad de los demás. Los iniciadores predominantes de estas *"radicalizaciones recíprocas"* son los grupos de extrema izquierda, los que responden, los grupos de extrema derecha.

En el centro del dilema se encuentra una situación de violencia en espiral en algunas áreas metropolitanas de los Estados Unidos que enfrenta a grupos y redes sueltas como los antifascistas y anarquistas, contra los supremacistas blancos y los Proud Boys, contra los radicales Black Lives Matter, Defund the Police, y otros. Una condición de inestabilidad y violencia en espiral hace que la seguridad sea la primera preocupación de estos grupos

y redes, y cuando los individuos buscan protegerse adquiriendo armas, otros reaccionan adquiriendo sus propias armas. A medida que aumentan las tensiones, se vuelve difícil conocer las intenciones de los demás. Este *"dilema de seguridad"* ha ocurrido en el extranjero en situaciones de anarquía emergente, y no está demasiado lejos para responsabilizar a estas luchas por el colapso de un estado. En particular, esta tendencia ha surgido en medio de una retórica extremista que retrata cada vez más el conflicto político en los Estados Unidos en términos marciales o revolucionarios, ya sea como un llamado a la acción para prevenir la violencia por parte de los oponentes o como un intento de acelerar el colapso violento del estado.

# El Marxismo acosando las Universidades Americanas

Estados Unidos ha enfrentado con éxito los intentos Marxistas de desviarlos de su camino histórico de libertad y orden. El esfuerzo multifacético para derrotar al enemigo, generalmente conocido como la *Guerra Fría*, concentró a muchas de las mejores mentes del país. En 1991, cuando desapareció la *Unión Soviética*, muchos Estadounidenses y otros en todo el mundo creyeron justificadamente que el comunismo había sido derrotado.

Sin embargo, los Marxistas Estadounidenses, haciendo uso de la complacencia que a menudo produce la victoria, han ganado más influencia que nunca. Ocultando sus objetivos bajo el pretexto de la *"justicia social,"* ahora buscan desmantelar los cimientos de la república Estadounidense reescribiendo la historia; reintroducir el *racismo*; crear *clases privilegiadas*; y determinar *lo que se puede decir* en el discurso público, el ejército y los lugares de culto. A menos que el pensamiento Marxista sea derrotado nuevamente, los **Marxistas Culturales** de hoy lograrán lo que la Unión Soviética nunca pudo: la subyugación de los Estados Unidos a una ideología totalitaria que destruye el alma.

Hoy, en la mayoría de las Universidades Americanas, los herederos ideológicos de *Karl Marx* luchan por transformarse de *"forasteros temerarios y asediados,"* en *"asimilados académicos internos."* Podría considerarse una historia de éxito para los estudiosos de la  lucha de clases, que alguna vez fueron considerados subversivos. El Marxismo Estadounidense se ha liberado de las cadenas de Moscú. La derrota del Comunismo en la Unión Soviética y sus naciones cautivas detrás de la Cortina de Hierro no ha afectado a los Académicos Marxistas. Incluso creen que el Socialismo ha sobrevivido sin ser tocado por lo que pasó en la URSS.

El fallido golpe de Estado de Agosto de 1991 contra *Gorbachov*, planeado por Comunistas de línea dura, disminuyó su poder como premier de la USRR e impulsó a *Yeltsin* y las fuerzas democráticas al frente de la política Soviética Rusa.

La aparente victoria del Capitalismo se atribuyó a su capacidad superior para satisfacer las necesidades y deseos del hombre, uno de los mayores defectos del Comunismo. Se habían burlado de la ventaja del Capitalismo como proveedor de bienes y servicios, declarándolo como un defecto ilusorio, alegando que la prosperidad siempre llegaba a expensas de ajustarse a los dictados del mercado, obligando a las personas a vivir *"vidas de desesperación silenciosa"*. Esta capacidad superior para proporcionar bienes y servicios también fue presentada por los nuevos Marxistas como el presagio de un horrible e inevitable *Consumismo*. Nunca se reconoció la capacidad del libre mercado para liberar el espíritu creativo y permitir que los individuos persiguieran el florecimiento humano con sus familias, y ciertamente nunca se contrastó con el ciertamente inevitable despotismo del Marxismo, algo que el mismo **Karl Marx** había afirmado que sería necesario.

Dentro del mundo académico Estadounidense, dado que el Comunismo había fracasado tan estrepitosamente en la economía, los Marxistas estadounidenses decidieron evitar controversias y distracciones centrándose únicamente en aquellas áreas que tenían que ver con la **cultura** y la **justicia**. El Marxismo no solo podía competir, sino incluso prosperar en el ámbito de ciencias sociales y de orientación humana, donde los nuevos radicales podían argumentar algo más allá de la teoría de la **lucha de clases** de Marx.

Pero eso aún los dejaba con el problema de que era improbable que los trabajadores de Occidente apoyaran una revolución que, según intuían, obstaculizaría sus propios intereses económicos y disminuiría sus libertades. Eso llevó a los Marxistas a encontrar temas revolucionarios alternativos como el *marxismo y la deconstrucción*, y el *marxismo y la raza*.

La lucha ya no se basaría en el **tema económico** sino en la **identidad**, fuertemente enlazada con características indiscutibles, como la **raza**, el **sexo** o el **origen nacional**, que se heredan al nacer y sobre las que el individuo no tiene control. Las razones eran simples: las clases económicas son variables y no permanentes, especialmente bajo el Capitalismo, donde la gente puede, ya menudo lo hace, cambiar su posición en la vida. Sin embargo, la *raza*, el *sexo* y el *origen nacional* son inmutables. Por lo tanto, son elementos más factibles de influir en el cambio revolucionario.

El nuevo enfoque del marxismo salió victorioso en los campus universitarios y en otros lugares de los centros culturales estadounidenses a partir de fines de la década de 1980, mientras que fracasó cuando se basó en la clase social, la revolución y las armas.

Esta nueva mutación del Marxismo recibió un título elegante... "**Marxismo Cultural**". Se empezó a debatir y escribir sobre el en las décadas de 1920 y 1930, por *Antonio Gramsci* en Italia y la llamada *Escuela de Frankfurt* en Alemania; se volvió *"una tesis seductora"* a fines de la década de 1960 cuando **Herbert Marcuse**, de la Escuela de Frankfurt, ganó notoriedad entre los estudiantes universitarios. Sin duda se convirtió en el gurú de la *Nueva Izquierda*.

Fue a principios de la década de 1960 cuando nació esa "nueva izquierda", no solo en los Estados Unidos sino también en Canadá, Europa e incluso Japón, proporcionando un *ecosistema* que protegería a los Marxistas durante muchos años. El nuevo *Marxismo Cultural* ya no se basaba en la prescripción original de Marx... *"el derrocamiento violento del sistema por parte de la clase trabajadora,"* sino en las propias palabras de Marx y Engel,

> «...necesidad indispensable para formar al proletariado en clase, derrocamiento de la supremacía burguesa, [y] conquista del poder político por el proletariado.» De acuerdo con Gramsci...

> «los ideólogos deben infiltrarse en las instituciones y en toda la sociedad y "elevar la conciencia de" los "oprimidos" con una nueva cosmovisión cultural o narrativa.»

Debido a las incursiones del *Marxismo Cultural* en el sistema educativo, muchos de los jóvenes Estadounidenses comenzaron a criarse con una dieta de ideas que socavan directamente los fundamentos ideológicos Estadounidenses.

> *No se les enseña que todas las personas son creadas iguales; se les enseña que algunas personas son racialmente privilegiadas debido al racismo estructural.*

> *Se les enseña que no existen tales cosas como los derechos individuales, tanto como los derechos de grupo.*

> *No se les enseña que Estados Unidos, con sus mercados libres y derechos de propiedad, ha traído más prosperidad a más personas que cualquier otra nación en la tierra.*

> *No se les enseña que generación tras generación ha trabajado para lograr el ideal de los Fundadores de que todos los hombres son creados iguales.*

> *Se les enseña que Estados Unidos es sistémicamente racista, que sus mismas leyes fueron diseñadas para defender algo llamado supremacía blanca, que no*

enfatiza que la raza blanca sea suprema, sino que todas las tradiciones, códigos, arreglos sociales, leyes y normas occidentales reflejan eso. supremacía.

Muchas familias Estadounidenses están experimentando hoy en día de primera mano el efecto del veneno que se les dio a sus hijos en las escuelas. La mayoría de los Estadounidenses paga miles de dólares en impuestos para que sus hijos sean adoctrinados en escuelas y universidades públicas, mientras que algunas familias pagan no solo miles, sino decenas de miles, para que sus hijos sean adoctrinados en escuelas y universidades privadas.

Que sus hijos sean continuamente bombardeados con estas mismas ideas antiestadounidenses, antirrealistas y contrafactuales a través de películas, programas de televisión, libros, cómics, juegos, redes sociales, motores de búsqueda y noticias en sus teléfonos celulares.

Como decíamos en la contraportada del libro "CROWDS" (Raúl Eduardo Chao, DUPONT CIRCLE EDITIONS, 2019):

Contracubierta del Libro CROWDS

*Envías a un niño a una buena universidad y la primera vez que regresa a casa te das cuenta de que este niño amoroso se ha convertido en un izquierdista rabioso, despreciando a los estadounidenses, prefiriendo el socialismo al capitalismo, pensando que "todos los tipos privilegiados blancos" y "brutales cerdos policías" son racistas, cree que "Dios y la espiritualidad" no tienen sentido, apoyan la disolución de ICE, la apertura de todas las fronteras y la legalización de todas las drogas, y también creen que el presidente de los Estados Unidos es un racista.»*

---

DIOS SALVE AMÉRICA

# Una Corrupción desmedida en altas esferas de Washington socaba el terreno moral global

La corrupción que muchos perciben en la conducta de líderes gubernamentales en los Estados Unidos, ha roto en el siglo XXI los récords de otras épocas. **Corrupción** en el gobierno es principalmente el acto de un funcionario abusando de los poderes políticos para beneficio privado, ya sea por sobornos u otros métodos. La corrupción de oficiales en los Estados Unidos ha sido un problema político perenne, alcanzando su punto máximo en la era **Jacksoniana** y la **Edad Dorada** antes de declinar con las reformas de la **Era Progresista**.

President Jackson

Alexander Hamilton

En 2023, Estados Unidos obtuvo una puntuación de **69** en una escala de **0** ("*altamente corrupto*") a **100** ("*muy limpio*") según el Índice de Percepción de la Corrupción en recientes estudios sobre "*Transparencia Internacional.*" En términos de "*posición*," Estados Unidos ocupó el puesto **24** entre los **180** países del Índice. El puesto **1**, corresponde al país de mayor honestidad en su sector público, En el 2022, el orden de honradez de los ocho primeros países fue: **1** Dinamarca, **2** Nueva Zelanda, **3** Finlandia, **4** Suecia, **5** Noruega, **6** Suiza, **7** Singapur, **8** Holanda.

### La honestidad pública en el Siglo XVIII.

La corrupción en los Estados Unidos se remonta a la fundación del país. La Revolución Americana fue, en parte, una respuesta a la corrupción percibida de la monarquía Británica. La separación de poderes se desarrolló para permitir la rendición de cuentas. La libertad de asociación también sirvió para este fin, permitiendo a los ciudadanos organizarse independientemente del gobierno. Esto contrastaba con algunas potencias europeas en el momento en que todas las asociaciones y actividades económicas estaban implícitamente gestionadas por el gobierno.

Durante el Primer Congreso de los Estados Unidos, el secretario del Tesoro, **Alexander Hamilton**, propuso varias iniciativas económicas nuevas que involucraban impuestos, aranceles, deudas y un banco nacional. Los temores de que estas propuestas condujeran

Andrew Jackson

a la corrupción crecieron tanto que se formó el *Partido Demócrata-Republicano* para oponerse a ellas.

**La honestidad pública en el Siglo XIX**.

La corrupción resurgió como un tema importante en la política Estadounidense en las elecciones presidenciales de Estados Unidos de 1824, en las que **Andrew Jackson** se postuló como candidato anticorrupción. El problema solo se vio exacerbado por los controvertidos resultados de las elecciones que impidieron la victoria de Jackson, conocido como el "*Pacto Corrupto.*" Tras la victoria de Jackson en las siguientes elecciones, una disputa sobre el banco nacional volvió a ser relevante en el tema de la corrupción.

En los gobiernos estatales, las autoridades autorizarían estatutos corporativos para autorizar la creación de nuevas corporaciones. Estos enfrentaron cierta resistencia debido a su "*potencial de corrupción.*" Si bien generalmente se usaron de manera que promovieran el desarrollo económico de los estados, hubo casos en los que se les dio un trato preferencial a los aliados políticos. La *Regencia de Albany*, por ejemplo, autorizó cartas para los bancos a cambio de apoyo político y financiero. Este problema finalmente se resolvió cuando los gobiernos estatales estandarizaron el proceso de incorporación a lo largo de la década de 1840.

Ulysses S. Grant

La **Edad Dorada** fue un período de mayor prosperidad y crecimiento en los Estados Unidos. Este crecimiento resultó en un aumento correspondiente de corrupción y soborno en el gobierno y en los negocios. El principal tema de discusión fue el sistema de botín, en el que se otorgaban puestos gubernamentales a cambio de apoyo político. Este problema fue abordado por la reforma del servicio civil.

La presidencia de **Ulysses S. Grant** durante la *Edad Dorada* estuvo plagada de casos de corrupción. Grant había sido elegido sin experiencia política y tenía poca capacidad para controlar o regular a los miembros de su gobierno, quienes procedieron a aprovecharse de su inexperiencia. Los ejemplos notables incluyen el "*Whiskey Ring,*" el escándalo de "*Star Route,*" el escándalo de la "*Publicación Comercial,*" y el escándalo de "*Crédito Mobiliar.*"

**La honestidad pública en el Siglo XX**.

La *Era Progresista* fue un período de fervor anticorrupción en los Estados Unidos. Durante ese tiempo, las maquinarias políticas y los monopolios fueron atacados y eliminados. Theodore Roosevelt fue una figura importante en la Era Progresista y lideró los esfuerzos para devolver la confianza e integridad administrativa.

Warren Harding

El escándalo de "*Teapot Dome*" fue un caso importante de corrupción durante la presidencia de **Warren G. Harding**. El secretario del Interior, *Albert B. Fall*, había aceptado sobornos de compañías petroleras a cambio de acceso a las reservas de petróleo del gobierno. Después de que se descubrió la corrupción, Fall fue encarcelado.

**Richard Nixon** fue notablemente objeto de múltiples acusaciones de corrupción. Cuando se postuló para vicepresidente en 1952, Nixon pronunció un famoso discurso en el que declaró que aceptó un regalo, un perro llamado *Checkers*, y que no tenía intención de devolverlo. Durante la presidencia de Nixon, estuvo implicado en el escándalo "*Watergate*." Poco antes, su vicepresidente *Spiro Agnew* había sido declarado culpable de fraude fiscal.

Richard Nixon

En la década de 1970, el **FBI** llevó a cabo la operación encubierta denominada "*Abscam*," para descubrir la corrupción en el Congreso. Siete miembros del Congreso fueron condenados por soborno.

**La honestidad pública en el primer cuarto del Siglo XXI.**

La resistencia percibida de los Estados Unidos a la corrupción ha disminuido en los últimos años. En el *Índice de Percepción de la Corrupción*, la puntuación de Estados Unidos cayó de **76** en 2015 a **67** entre 2020 y 2021. Sin embargo, "*Transparency International*" ha afirmado que

> « *Estados Unidos está experimentando serias amenazas a su sistema de pesos y contrapesos, junto con una erosión de las normas éticas en los más altos niveles de poder. El populismo, el nativismo y la polarización política son factores que suelen y pueden aumentar la corrupción.*»

En 2022, el puntaje del país aumentó a **69**, con el puesto **24** entre los **180** países del Índice. La mejor puntuación en el *Índice de Percepción de la Corrupción* de 2022 en los 180 países fue **90** (puesto 1), la puntuación media fue **43** y la peor puntuación fue **12** (puesto 180). El puntaje más alto entre los países de las Américas fue **74**, el puntaje promedio fue **43** y el puntaje más bajo fue **14**.

El **FBI** es responsable de investigar la corrupción en los Estados Unidos con varias iniciativas para investigar la corrupción tanto nacional como extranjera, y reconoce la corrupción pública como su "*máxima prioridad de investigación criminal.*"

No cabe duda, sin embargo, que Estados Unidos se está volviendo cada vez más corrupto. Hay evidencia de que a eso han contribuido eventos como la *inesperada recesión de 2022*, el *fracaso del Boeing 737 MAX* y el escándalo de *sobornos en las admisiones universitarias de 2019*. Esos ejemplos muestran que la corrupción es un problema creciente en los Estados Unidos que, entre otras cosas, ha alcanzado fama de ser "*un verdadero paraíso fiscal donde es fácil esconder el dinero mal habido.*"[2]

---

[2] *La Ley de Cumplimiento Tributario de Cuentas Extranjeras, por ejemplo, requiere que los gobiernos extranjeros revelen las cuentas Estadounidenses en el extranjero, pero los Estados Unidos no tiene responsabilidad, legal o de otro tipo, de compartir información sobre los no Estadounidenses que abren cuentas en Estados Unidos. En 2016, un estimado situó la riqueza extraterritorial total depositada en los Estados Unidos en US$ 800 Billones.*

# LGBTQIA+ invade y confunde a la niñez Americana

El tema del transgenerismo se encontró por primera vez en nuestros libros de historia en los siglos XVII y XVIII, donde se relatan varios casos de transgénero de mujer a hombre, posiblemente porque era más difícil que el hombre se convirtiera en mujer antes de la llegada de los tratamientos hormonales y la cirugía de afirmación de género. *Joseph Lobdell*, por ejemplo, (nacido en 1829 como *Lucy Ann Lobdell*), vivió como un hombre durante sesenta años y debido a esto fue arrestado y encarcelado en un manicomio. Durante la Guerra Civil Estadounidense (1861–1865), se sabe que al menos 240 personas a las que se les asignó el sexo femenino al nacer vestían ropa de hombre y luchaban como "*soldados.*" Es posible que muchas lo hayan hecho porque no se les permitía luchar como mujeres, y esta era su forma de participar en el esfuerzo bélico. Uno de esos soldados notables fue *Albert Cashier*, quien después del final de la guerra vivió como un hombre durante más de 53 años.

Travertismo

Los Europeos, en particular los Alemanes, disfrutaban de lo que llamaban "*travestismo*", pero rechazaban términos como *invertido*, urning, *hada* y *andrógino*, alegando que no había nada en su comportamiento excepto divertirse. En Estados Unidos, *Murray Hall* (1841–1901) fue político en la ciudad de Nueva York durante casi 25 años. Después de su muerte, se descubrió que el sexo asignado al nacer había sido el *femenino*. En ese momento, simplemente se lo denominó un "*caso de enmascaramiento.*"

Una situación similar tuvo lugar en la década de 1950. La película de 1953 *Glen o Glenda* se refirió al tema no como "*transexualidad*", sino como "*travestismo*", sin mencionar en absoluto las anatomías.

Christine Jorgensen

Lo más parecido al concepto actual de "*Transgenerismo*" (que involucra hormonas, cirugía y reasignación de sexo), fue el caso de **Christine Jorgensen**. Nacido hombre, presumiblemente se sometió a una cirugía de afirmación de género para convertirse en mujer. Se convirtió en una sensación mundial. Sin embargo, como "*mujer*", se le negó una licencia de matrimonio en 1959 cuando intentó casarse con un hombre, y su prometido perdió su trabajo cuando su compromiso con Christine se hizo público.

**Alfred Kinsey**, sexólogo, biólogo y profesor de entomología y zoología Estadounidense, fue el primer científico en llamar la atención de los científicos sociales y reformadores sexuales sobre las necesidades de las personas transgénero. El FBI lo investigó por posibles violaciones de los estatutos de *Transporte Interestatal de Materia Obscena*.

En ese momento, "*el gato ya estaba fuera de la bolsa*", en la jerga de la época. En Mayo de 1959, mujeres transgénero, mujeres lesbianas, drag queens y hombres homosexuales se amotinaron, en uno de los primeros levantamientos **LGBT** en los Estados Unidos, que se hizo conocer como **The Cooper Donuts Riots**, por el nombre de un café abierto las 24 horas donde comenzó todo el incidente.

Alfered Kinsley

**Virginia Prince**, un hombre transgénero que comenzó a vivir a tiempo completo como mujer en San Francisco en la década de 1940, comenzó a publicar una revista llamada *Transvestia*, dedicada a discutir las preocupaciones transgénero, y fundó el **Hose and Heels Club** para travestis, argumentando que "*el sistema de género binario ha perjudicado tanto a hombres como a mujeres al impedirles desarrollar todo su potencial humano.*"

Andy Warhol

Un gran número de personas y organizaciones comenzaron a publicar sobre el fenómeno, ahora sin censura en la prensa, de "*personas cuyas identidades de género eran una combinación o van más allá del género binario de mujer y hombre.*" Los más notables fueron **Andy Warhol**, artista visual, director de cine, productor y figura destacada del movimiento del arte pop estadounidense, y **Gore Vidal**, quien escribió la primera novela estadounidense en la que el personaje principal se somete a una cirugía de afirmación de género, *Myra Breckinridge*.

Fue entonces que una organización llamada **The Janus Society** y una revista con el nombre de **Drum** comenzaron a adquirir cierta popularidad, y un psiquiatra de la Universidad de Columbia acuñó el término "*transgénero.*" Inesperadamente, en 1966, tuvo lugar el llamado **Compton's Cafeteria Riot**, uno de los primeros disturbios transgénero registrados en la historia de los Estados Unidos. Ocurrió en el distrito de Tenderloin de San Francisco. Personas, estafadores, grupos callejeros de Tenderloin y otros miembros de la comunidad **LGBTQ** se unieron al piquete de una cafetería que no permitía atender a personas transgénero. El motín marcó el comienzo del activismo transgénero en San Francisco. Luego se produjeron los **Stonewall Riots** en Nueva York. Fueron levantamientos violentos en los bares y las calles gay de Greenwich Village. Fueron un punto de inflexión para el movimiento por los derechos **LGBTQ** en los Estados Unidos, y marcaron la transición de la política más asimilacionista y respetable de grupos como **Mattachine Society** y **Daughters of Bilitis**, al nacimiento del movimiento radical de liberación gay y la fundación de grupos como el **Gay Liberation Front**, con su **Drag Queen Caucus**, cuyos miembros fundaron más tarde **Street Travestite Action Revolutionaries** y **Queens Liberation Front**.

En 1979, la primera *Marcha Nacional en Washington por los Derechos de las Lesbianas y los Gays*, celebrada en Washington, DC, reunió entre 75,000 y 125,000 personas transgénero, lesbianas, bisexuales, hombres homosexuales y aliados heterosexuales para exigir la igualdad de derechos civiles e instar a la aprobación de legislación protectora de los derechos civiles. La marcha fue organizada por **Phyllis Frye**, quien 10 años después se convirtió en la primera juez abiertamente transgénero de Texas.

En 1980, la **Asociación Estadounidense de Psiquiatría** clasificó oficialmente a las personas transgénero como personas con *"trastornos de identidad de género."*

En 1991, una mujer transgénero fue sacada del **Festival de Música de Michigan** cuando los guardias de seguridad se dieron cuenta de que era transgénero. El movimiento transgénero respondió lanzando el **Servicio de Información sobre Género Educativo Estadounidense**, una entidad sin fines de lucro 501(c)(3), para proporcionar información y referencias a las personas trans, sus familias y la prensa, y publicaron la revista combativa **Chrysalis Quarterly**.

El conflicto se intensificó con la fundación de un Compromiso de Diversidad Corporativa de varias compañías Fortune 500 que cambiaron las palabras *"orientación sexual"* por *"identidad de género"* en sus declaraciones de política de no discriminación.

El primer ataque a los padres de familia preocupados por las campañas de educar prematuramente a niños sobre el sexo, tuvo lugar en el año 2000. Para entonces, el primer maestro *"trans"* de secundaria ya había encontrado trabajo en Lake Forest, Illinois. El 20 de Noviembre pronto se convirtió en el **Día del Recuerdo Transgénero** para conmemorar a *"todas aquellas personas asesinadas por odio y prejuicio transfóbico,"* y ya había sido diseñada la "bandera Trans."

Barney Frank

«Las dos franjas superiores representan la transformación del sexo masculino (azul) a femenino (rosa). La franja púrpura representa a las personas no binarias en general, la delgada franja blanca representa a todas las personas vivientes y, en la parte inferior, las dos últimas franjas representan la transformación del sexo femenino (rosa) en el masculino (azul).»

En 2004 se realizó por primera vez la **Marcha Trans en San Francisco**. Se convirtió en el evento del "PRIDE" transgénero más grande y, desde entonces, uno de los eventos trans más grandes del mundo, que ya es en 2023 un evento anual. En 2003, la marcha celebró a la primera mujer abiertamente transgénero nombrada "*Mujer del Año*" por la *Asamblea del Estado de California*. Le siguió en 2006, 2007, 2008 y 2009 la elección de una mujer trans para la *Junta de Educación de Hawáii*, otra como presidenta de la *Comisión de Policía de San Francisco*, una tercera como *Alcaldesa de Silvertone, Oregón* y una cuarta como *Asistente Legislativa* del Representante de Massachusetts **Barney Frank**.[3]

En una búsqueda de legitimidad y reconocimiento, la **Sociedad Histórica Transgénero** fue fundada en 1995, y su gran colección de "*literatura del Orgullo*" encontró un lugar en la biblioteca de la **Universidad de Michigan** en Ann Arbor. Fue reconocida como una compilación importante por el *Comité de Historia de Lesbianas, Gays, Bisexuales y Transgénero* de la **Asociación Histórica Estadounidense** en 2009.

Un año después, en 1996, **Eve Ensler**, dramaturga feminista, desarrolló y estrenó en Nueva York una obra de teatro llamada **Los Monólogos de la Vagina**, que explora las experiencias sexuales consensuadas y no consensuadas, la imagen corporal, la mutilación genital, los encuentros directos e indirectos con la reproducción, el cuidado vaginal, la menstruación, los períodos, la prostitución y varios otros temas a través de los ojos de mujeres con diversas edades, razas, sexualidades y otras diferencias.

Eve Ebsler

En cierto sentido, el éxito que alcanzó fue en parte por la discusión abierta sobre la sexualidad que había comenzado con las muchas facetas del **Movimiento Trans**, pero fue también en parte debido a la exposición que el movimiento necesitaba para mantenerse al día con la mente y la moral estadounidenses.

Los colegios y universidades se convirtieron en las principales plataformas para la puesta en escena de **Los Monólogos de la Vagina**. Curiosamente, The *Cardinal Newman Society* criticó la representación de la obra en los campus universitarios Católicos, mientras que diez de las catorce Universidades Católicas que

pusieron en escena los Monólogos eran instituciones Jesuitas. Un pastor y profesor de filosofía en la Universidad de Gonzaga, **Tim Clancy SJ**, trató de explicar...

---

[3] En 1989, el representante **Barney Frank** admitió una larga relación con un prostituto que dirigía un servicio de prostitución bisexual en el apartamento de Frank. Su indiscreción fue tan grande que la posición de Frank en el Congreso se vio gravemente dañada y una reprimenda de la Cámara fue aprobada abrumadoramente en Julio de 1990. Su distrito natal en Massachusetts fue más indulgente y lo reeligió fácilmente el siguiente Noviembre.

«*La obra no ofrece argumentos, sino historias... historias de dolor y sufrimiento, historias de vergüenza, violación e impotencia que llevan a discusiones sobre los extremos de la condición humana. Es una reacción al llamado del Papa Benedicto para que los Jesuitas exploren los límites resultantes de una visión errónea o superficial de Dios y del hombre que se interponen entre la fe y el conocimiento humano...* "

La gran lección de los eventos, revistas, convocatorias y campañas del movimiento transgénero, es que no se debe ignorar los puntos ciegos culturales que ponen a los niños en riesgo de abuso. El Movimiento se ha convertido en una fuerza de enormes daños a Los Estados Unidos. ¿Qué queda de los pensamientos de Martin Luther King acerca de no definir a las personas por características irrelevantes como su color de piel o, en este caso, sus deseos sexuales? La comunidad **LGBTQIA+** no es tanto una comunidad como una gran mezcolanza de personas que sienten que pertenecen a una determinada causa por razones muy diferentes. Sin embargo, todos están allí al final del arcoíris para reclamar su olla de oro, que les había sido prometida por la *Campaña de Derechos Humanos*.

Fr. Tim Clansy SJ

Hay tres cosas que han estado cambiando en Estados Unidos desde mediados del siglo XX. La primera es la medicina, la segunda es una especie de ontología del deseo y la tercera es la politización de todo.

**Primero**, cuando las cirugías de cambio de sexo se hicieron quirúrgicamente posibles en el período de posguerra, se entendió que era una especie de *eufemismo*. Por supuesto, una persona no podía cambiar literalmente de un sexo al otro, y sería más exacto llamarlo *cirugía genital*, pero la gente prefirió ser *eufemística*. Estos procedimientos son muy controvertidos, principalmente porque no siempre son tan exitosos como, por ejemplo, una apendicectomía. No hace muchos años, a las personas que querían cambiar de sexo ya se les llamaba *transexuales*, pero la demanda era bastante baja; en su mayoría hombres que querían convertirse en mujeres. En ese momento era una cuestión de **hardware** versus **software**, "*lo que tengo*" y "*cómo me siento*," sobre todo porque la gente tiene un largo historial de cambiar sus sentimientos.

En **segundo** lugar, hasta hace una docena de años, las personas involucradas en estos dilemas sexuales eran relativamente pocas. Inicialmente los términos *Transexualismo*, *Parafilia* y *Autoginefilia*, fueron considerados como **perversiones**. Esto era políticamente incorrecto, por lo que lo cambiaron a términos políticamente correctos, y ahora se conoce como "*Identidad*" o "*disforia de género*," y en realidad es así como se mencionan en el *Manual Estadístico de Diagnóstico de Trastornos Mentales de la Asociación Estadounidense de Psiquiatría*.

El transgenerismo se amplió, fue adoptado y aceptado en la academia, en gran parte gracias a las personas que concluyeron que el género era, más o menos, una representación teatral. El mundo académico le dio validez "científica" a una pregunta que los seres racionales no hacían...¿Qué hacer si un niño tiene "*el cerebro de un niño en el cuerpo de una niña*?"

Al utilizar el pronombre "*ella*" cuando se habla de una mujer trans, ¿no es eso una cortesía para hacer que alguien que ha tenido una vida difícil tenga una vida más placentera?

La respuesta verdadera pero descartada es.... Una actitud de creencia absoluta e indiscutible en la feminidad de esa persona, sería hipócrita porque todos en nuestro interior sabemos que "*las mujeres trans son hombres*."

En **tercer** lugar, la humanidad está envuelta en un enorme maremoto cultural y político. En la década de 1990, ante el dilema, la gente pensaba... "Esto nunca se pondrá de moda. Esto es tan escandaloso. Esto es absurdo." Pero la Internet entró en juego. Las personas que tratan de corregir las injusticias genuinas que los homosexuales enfrentan en la sociedad, no solo en Estados Unidos sino en todo el mundo, "*reformaron en exceso*" y se obsesionaron con la "*identidad*," perdiendo de vista el significado de la sexualidad. Los derechos trans se sumaron a los derechos de los homosexuales, y los derechos de los homosexuales se sumaron a los derechos civiles. Lo que Martin Luther King pidió a los Estadounidenses que **descartaran** (el color de la piel) se convirtió en **descartable** al hablar de anatomía (el equipo sexual al nacer).

Y, por supuesto, se crearon nuevas palabras: "*transfobia*", "*transmisoginia*" y "*terapia de conversión*." Mucha gente cayó en la trampa porque no querían estar en el lado equivocado de la ciencia y la historia. Ahora estamos en presencia de un punto ciego cultural masivo.

Los adultos, que saben y pueden entender el tema de la transexualidad, de hecho pueden tratarlo. Pero, **¿por qué involucrar y adoctrinar prematuramente a los niños con temas que no entienden miles interesan ? ¿Por qué poner a los niños en esa situación? ¿Por qué hay que vestirlos de drag?**

# El más reciente estudio del Racismo en América

### La Raza en América en el Primer Cuarto del Siglo XXI

Más de 150 años después de que la Enmienda 13 aboliera la esclavitud en los Estados Unidos, la mayoría de los adultos Estadounidenses dicen que el legado de la esclavitud continúa teniendo un impacto en la posición de Negros, Hispanos y Asiáticos en la sociedad Estadounidense actual.

Más de cuatro de cada diez dicen que el país no ha progresado lo suficiente hacia la igualdad racial, y existe cierto escepticismo, particularmente entre los Negros, de que los Negros alguna vez tendrán los mismos derechos que los Blancos, según una nueva encuesta del Pew Research Center.

Las opiniones sobre el estado actual de las relaciones raciales, y el manejo del tema por parte gobierno, también son negativas. Alrededor de seis de cada diez Estadounidenses (58%) dicen que las relaciones raciales en los Estados Unidos son malas y, de ellos, pocos ven que mejoren. Un 56% piensa que el tiempo ha empeorado las relaciones raciales; solo el 15% dice que ha mejorado las relaciones raciales y otro 13% dice que se ha intentado pero no se ha logrado avanzar en ese tema. Además, aproximadamente dos tercios dicen que se ha vuelto más común que las personas expresen puntos de vista racistas desde hace unos 30 años. Los Negros son particularmente pesimistas sobre el progreso racial del país. Más de ocho de cada diez adultos Negros dicen que el legado de la esclavitud afecta la posición de los Negros en los Estados Unidos hoy en día, incluido el 59% que dice que la afecta mucho. Alrededor de ocho de cada diez Negros (78%) dicen que el país no ha ido lo suficientemente lejos cuando se trata de otorgar a los Negros los mismos derechos que a los Blancos, y la mitad dice que es poco probable que el país logre finalmente la igualdad racial. Los Estadounidenses ven desventajas para los Negros y los Hispanos en los Estados Unidos. La mayoría de todos los adultos (56%) dice que ser negro perjudica la capacidad de las personas para salir adelante al menos un poco, y el 51% dice lo mismo acerca de ser de origen Hispano. En contraste, el 59% dice que ser Blanco ayuda a la capacidad de las personas para salir adelante.

Las opiniones sobre el impacto de ser Asiático o Nativo Americano son más variadas. Los Negros, los Hispanos y los Asiáticos son más propensos que los Blancos a decir que ser Blanco ayuda a la capacidad de las personas para salir adelante al menos un poco. Entre los Blancos, los que tienen más educación, así como los que se identifican con el Partido Demócrata o se inclinan por él, son particularmente propensos a ver las ventajas de ser Blanco. La encuesta representativa a nivel nacional de 6,637 adultos se realizó entre el 22 de Enero al 2 de Febrero, en inglés y español, utilizando el Panel de tendencias Estadounidenses del *Pew Research Center*.

Eliminación de la Discriminación Racial

Además de explorar las opiniones del público sobre el estado de las relaciones y la desigualdad raciales en Estados Unidos, la encuesta también analizó las experiencias personales con la discriminación racial y étnica y el papel que juega la raza en la vida de las personas. Entre los hallazgos clave del informe:

La mayoría de los Estadounidenses dicen que ahora es más común que las personas expresen puntos de vista racistas o racialmente insensibles;

Más de cuatro de cada diez dicen que es más aceptable.

La mayoría de los Estadounidenses (65 %), incluidas las mayorías de todos los grupos raciales y étnicos, dicen que se ha vuelto más común que las personas expresen puntos de vista racistas o racialmente insensibles desde los últimos 30 años.

Una proporción más pequeña pero sustancial (45%) dice que esto se ha vuelto más aceptable.

Los demócratas y los que se inclinan por los demócratas son más propensos que los republicanos y sus colegas a decir que se ha vuelto más común y aceptable que las personas expresen puntos de vista racistas y racialmente insensibles desde comenzados los 2020s.

Entre los Demócratas, el 84% dice que ahora es más común y el 64% dice que es más aceptable; menos de la mitad de los Republicanos dicen que se ha vuelto más común (42%) y solo el 22% dice que se ha vuelto más aceptable que las personas expresen este tipo de opiniones.

Las opiniones sobre el manejo de las relaciones raciales por parte de los Republicanos son mucho más negativas que las opiniones sobre cómo los Demócratas manejan el problema.

La mayoría de los Estadounidenses (56%) dice que los Republicanos han empeorado las relaciones raciales; solo el 15% dice que han progresado en la mejora de las relaciones raciales, mientras que el 13% dice que lo han intentado pero no han logrado progresar, y el 14% dice que no han abordado este problema con interés.

En contraste, el 37% dice que los Demócratas han hecho progresos en las relaciones raciales, y el 27% dice que lo han intentado, pero también han fracasado.

Una cuarta parte de los Estadounidenses dicen que los Demócratas han empeorado las relaciones raciales. Estos puntos de vista retrospectivos del manejo de los Demócratas de las relaciones raciales son casi idénticos a los puntos de vista expresados durante desde el primero hasta el último al de Obama, por ejemplo. No es sorprendente que las evaluaciones del manejo de las relaciones raciales por parte de Republicanos y Demócratas difieran considerablemente en líneas partidistas. Los Demócratas afirman abrumadoramente que los Republicanos han empeorado las relaciones raciales (84%), lo que incluye tanto Demócratas Negros (79%) como Blancos (86%). Las opiniones están más divididas entre los Republicanos. Al-rededor de un tercio de los Republicanos (34%) creen que el partido ha mejorado las relaciones raciales, y el 25% dice que lo ha intentado pero no ha logrado progresar; El 19% de los Republicanos dice que no ha abordado el tema, mientras que el 20% dice que ha empeorado las relaciones raciales. Cuando se trata de opiniones sobre el manejo de las relaciones raciales por parte de los Demócratas, el 55% de ellos dice que han mejorado las relaciones raciales;

Discriminación

solo el 8% dice que empeoraron el problema racial. En contraste, el 51% de los Republicanos dice que los Demócratas han empeorado las relaciones raciales, mientras que el 14% dice que han hecho progresos para mejorarlas.

En cuanto a los esfuerzos y políticas de los presidentes, las opiniones sobre el manejo de las relaciones raciales, los demócratas Blancos y Negros ofrecen evaluaciones sobre Trump muy similares a cómo Obama manejó el tema.

Lo cierto es que los Republicanos y los Demócratas tienen puntos de vista muy diferentes sobre la raza. El partidismo está fuertemente asociado con las actitudes raciales en general. De hecho, el partidismo tiene una mayor asociación con las opiniones sobre el progreso racial del país que con los factores demográficos.

Ocho de cada diez Demócratas Blancos, frente al 40% de los Republicanos Blancos, dicen que el legado de la esclavitud continúa teniendo un impacto en la posición de los Negros en la sociedad Estadounidense actual. Y cuando se trata de puntos de vista sobre la discriminación racial, el 78% de los demócratas Blancos dice que el mayor problema es que la gente "*no la ve donde realmente existe,"* mientras que una proporción similar de Republicanos Blancos dice que la gente *"ve discriminación racial donde realmente no existe."*

Los Negros son más propensos que otros grupos a decir que *"su raza ha tenido un impacto negativo en su capacidad para salir adelante."* Los Blancos son los más propensos a decir que *"su raza los ayudó."* Aproximadamente la mitad de los adultos Negros (52%) dice que *"ser negro ha dañado su capacidad para salir adelante al menos un poco,"* y el 18% dice que *"ha dañado mucho."*

Alrededor de una cuarta parte de los Hispanos y Asiáticos (24%

Integración

cada uno) y solo el 5% de los Blancos dicen que *"su raza o etnia ha tenido un impacto negativo."* A su vez, los Blancos son más propensos que otros grupos a decir que *"su origen racial los ha ayudado al menos un poco."* Entre los Negros, *los que tienen al menos algo de experiencia universitaria* son más propensos que los que tienen menos educación a decir que ser negro ha afectado su capacidad para salir adelante.

La educación también está relacionada con las percepciones de los Blancos sobre el impacto que ha tenido su raza en su capacidad para salir adelante. Una pequeña proporción de Blancos en todos los niveles educativos dice que su origen racial ha afectado su capacidad para tener éxito, pero aquellos que han terminado la Universidad son más propensos que aquellos con menos educación a decir que *"ser Blancos los ayudó al menos un poco."*

En todos los grupos raciales y étnicos, más personas señalan *"su propio trabajo duro más que cualquier otro atributo, incluida su raza, su género, las personas que conocen o la situación financiera de su familia, como algo que les ayudó a salir adelante."*

Los Negros y los Blancos difieren en las evaluaciones de por qué puede ser más difícil para los Negros salir adelante Ya sea que vean o no su raza como un obstáculo para ellos personalmente, aproximadamente dos tercios de los Negros (68%) dicen que ser negro generalmente perjudica la capacidad de una persona para salir adelante en el país; El 55% de los Blancos dice lo mismo. Entre los que dicen que ser negro perjudica la capacidad de una persona para salir adelante, los Negros son mucho más propensos que los Blancos a señalar la *discriminación racial*, el *menor acceso* a trabajos bien remunerados y el *menor acceso a buenas escuelas* como las principales razones por no tener buenas oportunidades de superación. A su vez, los Blancos son más propensos que los Negros a señalar la *inestabilidad familiar* y la *falta de buenos modelos a seguir* como los principales obstáculos de superación.

Las mismas proporciones en ambos grupos (22%) dicen que esas faltantes son la falta de motivación para trabajar duro. Hay amplias lagunas partidistas en estos puntos de vista. La mayoría de los Demócratas Blancos que dicen que ser Negro perjudica la capacidad de una persona para tener éxito, señalan la **discriminación racial** (70%) y el **menor acceso a buenas escuelas** (75%) o **pobre acceso a trabajos bien remunerados** (64%) como las principales razones de su desventaja.

En comparación, alrededor de solo un tercio o menos de Republicanos Blancos dicen que estos son obstáculos importantes para los Negros. Los Republicanos Blancos son más propensos que los Demócratas Blancos a mencionar la **inestabilidad familiar**, la **falta de buenos modelos** a seguir y la **falta de motivación para trabajar duro**.

La mayoría de los adultos Negros y Blancos dicen que "*los Negros reciben un trato menos justo que los Blancos en el trato con la policía y el sistema de justicia penal.*" Los adultos Negros y Blancos tienen percepciones muy diferentes de cómo se trata a los Negros en los Estados Unidos, pero la mayoría de ambos grupos dice que "*el sistema de justicia penal trata a los Negros de manera menos justa que a los Blancos (87% de Negros frente a 61% de Blancos) y al tratar con policía (84% vs. 63%, respectivamente).*"

Aproximadamente seis de cada diez Negros o más, pero menos de la mitad de los Blancos, dicen que

> "*los Negros reciben un trato menos justo que los Blancos en la contratación, el pago y las promociones; al solicitar un préstamo, solicitar una hipoteca, recibir buen tratamiento en\; en tiendas o restaurantes, ayuda al votar en las elecciones, y al buscar tratamiento médico.*"

Aproximadamente la mitad o más de los Demócratas Blancos dicen que los Negros son tratados de manera menos justa que los Blancos en el **trato con la policía** (88% frente a 43% de Republicanos Blancos); por el **sistema de justicia penal** (86% vs. 39%); en **contratación, pago y promociones** (72% vs. 21%); al **solicitar una hipoteca o préstamo** (64% vs. 17%); **buen trato en tiendas o restaurantes** (62% vs. 16%); **ayuda al votar en elecciones** (60% vs. 7%); y cuando busca **tratamiento médico** (48% vs. 9%).

Caminos distintos

Una mayor proporción de Demócratas Negros dice que las personas Negras reciben un **trato menos justo** que los Blancos en **situaciones laborales** (86 %), cuando **solicitan un préstamo o una hipoteca** (78 %), **buen trato en tiendas o restaurantes** (73%) y al buscar **tratamiento médico** (61%).

La mayoría de los Estadounidenses, en porcentajes similares de Blancos y Negros, dicen que **nunca es aceptable que una persona blanca use la palabra "niger."** Cuando se trata de personas Negras que usan la palabra **"niger,"** aproximadamente cuatro de cada diez adultos, incluidas proporciones similares de Negros y Blancos, dicen que, personalmente, **piensan que tampoco es aceptable**.

Los Negros (74%) son más propensos que los Hispanos (59%),o los Asiáticos (56%), y mucho más que los Blancos, a decir que *"su raza es fundamental para su identidad."* Solo el 15% de los Blancos dice que ser blanco es muy o extremadamente importante para la forma en que se ven a sí mismos. Blancos y Negros menores de 30 años son menos propensos que sus contrapartes mayores a decir que su raza es al menos muy importante para su identidad general.

Entre los Hispanos, los nacidos en el extranjero son más propensos que los nacidos en los Estados Unidos a decir que ser Hispano es al menos muy importante para la forma en que se ven a sí mismos (65%).

La mayoría de los Negros, Hispanos y Asiáticos dicen que han experimentado discriminación debido a su raza o etnia. Alrededor de las tres cuartas partes de los Negros y Asiáticos (76% de cada uno), y el 58% de los Hispanos, dicen que han sufrido discriminación o han sido tratados injustamente debido a su raza o etnia al menos de vez en cuando. Por el contrario, alrededor de dos tercios de los Blancos (67 %) dicen que nunca han experimentado esto. Cuando se les pregunta sobre situaciones específicas que pueden haber experimentado debido a su raza o etnia, los Negros son considerablemente más propensos que los Blancos, Hispanos o Asiáticos a decir que las personas han actuado como **si sospecharan de ellos**; la gente ha actuado como **si pensara que no era inteligente**; han sido **tratados injustamente** por un empleador en la contratación, pago o promoción; o han sido **detenidos injustamente por la policía**. Los Hispanos y los Asiáticos son **más propensos** que los Blancos a decir que les ha sucedido cada uno de estos. Los Asiáticos son más propensos que cualquier otro grupo a decir que han sido objeto de **insultos o bromas debido a su raza o etnia**.

Para los Hispanos, el color de la piel se asocia con experiencias de **discriminación** Los Hispanos con tonos de piel más oscuros tienen más probabilidades que aquellos con piel más clara de decir que alguna vez han experimentado discriminación o han sido tratados injustamente debido a su raza o etnia. El color de piel más oscuro también se asocia con una mayor probabilidad entre los Hispanos de decir que, debido a su raza o etnia, las personas han actuado como *si sospecharan de ellos*, las personas han actuado como **si pensaron que no eran inteligentes**, que han sido tratados **injustamente en situaciones laborales**, que han sido objeto de **insultos o bromas**, y que han **temido por su seguridad**. Igualmente ocurre entre los Negros en lo que se refiere a tonos de piel más oscuros.

Por supuesto, no puede completarse un ensayo sobre la raza en los Estados Unidos del siglo XXI, sin referirse al concepto de *"privilegio blanco."*

El *"privilegio blanco,"* según definido por alguno sautores, es un término que destaca las ventajas sociales *"injustas"* que tienen las personas Blancas sobre las no-Blancas. Se plantea que es algo que está presente en toda la sociedad y existe en todos los principales sistemas e instituciones que operan en la sociedad, así como a nivel interpersonal. El término tiene una larga historia, pero se ha vuelto más nítido debido a eventos como el caso de *George Floyd* y las protestas resultantes de **Black Lives Matter**.

El llamado *"privilegio blanco,"* es un fenómeno social entrelazado con la raza y el racismo. La *Asociación Estadounidense de Antropología* afirma que:

«... la cosmovisión 'racial' se inventó para asignar a algunos grupos un estatus bajo perpetuo, mientras que a otros se les permitía acceder a privilegios, poder y riqueza. Aunque la definición de "privilegio blanco" tiene ha sido algo fluido, generalmente se acepta referirse a las ventajas implícitas o sistémicas que las personas que se consideran Blancas tienen en relación con las personas que no se consideran Blancas. No tener que experimentar sospechas y otras reacciones adversas a la propia raza también se denomina a menudo un tipo de privilegio blanco.»

El término *"privilegio blanco,"* se utiliza en conversaciones y debates centrados en los beneficios, en su mayoría ocultos, que poseen los Blancos en una sociedad donde prevalece el racismo y la *blancura* se considera normal, en lugar de los perjuicios para las personas que son objeto del racismo.

Cuando muchas personas oyen por primera *"privilegio blanco,"* suelen sentir reacciones defensivas e incluso de indignación. Este concepto ha sido denominado *"fragilidad blanca,"* y las reacciones van desde la vergüenza, la culpa, el miedo, la evasión, la actitud defensiva, e incomodidad o vergüenza, por una parte, y una embestida violenta, aunque no se utilicen armas, por la otra parte. Por otro lado, para algunos, la idea de que una persona pueda tener privilegios especiales solo por el color de su piel es inquietante y puede provocar sentimientos justificados de vergüenza, culpa y confusión. La reacción de los que opinan que existe *"privilegio blanco"* en la sociedad *Americana* tiende a ser extrema, y un estudio que la analiza se presenta en el Apéndice 3 en la página 91 de este libro.

El 28 de Agosto de 1963, 250,000 personas se trasladaron a Washington, DC para lo que se llamó la *Marcha en Washington por el Trabajo y la Libertad*. En el *Lincoln*

*Memorial*, escucharon a **Martin Luther King Jr.** dar uno de los discursos más importantes en la historia de Estados Unidos. Había nacido en Atlanta, Georgia, en 1929, se ordenó Ministro y se mudó a Montgomery, Alabama. En la década de 1950, la segregación era un hecho de la vida en muchas partes del país, especialmente en el sur.

En 1955, en Montgomery, Alabama, una mujer llamada **Rosa Parks** se negó a ceder su asiento en un autobús a una persona blanca. Fue arrestada, y esto condujo

a un boicot de un año a los autobuses públicos en Montgomery, que a su vez dio lugar a una decisión de la Corte Suprema de los Estados Unidos que prohibía la segregación de asientos en los autobuses. King ayudó a liderar las protestas en Birmingham, Alabama, y fue arrestado y encarcelado. Ocho años después era el orador principal en la Marcha sobre Washington. Su discurso duró 18 minutos.

"**Tengo un sueño**", dijo, "**tengo el sueño de que mis cuatro hijos pequeños algún día vivirán en una nación donde no serán juzgados por el color de su piel sino por el contenido de su carácter.**"

El Discurso **I HAVE A DREAM** de MLK

**DIOS SALVE AMÉRICA**

# Desviaciones delictivas del concepto de Capitalismo

El **Capitalismo de Amigotes** (*Crony Capitalism*), a veces llamado "*amiguismo*," es un sistema económico en el que las empresas prosperan no como resultado de la libre empresa, sino gracias una *colusión* entre la clase empresarial y la clase política. Esto se logra manipulando las relaciones de intereses comerciales con el poder estatal, echando a un lado la competitividad y las restricciones para obtener permisos, subvenciones gubernamentales, exenciones fiscales u otras formas de intervención estatal. Es posible cuando los intereses comerciales ejercen una influencia indebida e ilícita sobre el despliegue de bienes públicos por parte del estado. Por ejemplo, concesiones mineras para productos primarios o contratos de obras públicas. Entonces, el beneficio económico no se logra obteniendo éxitos económicos en el mercado, sino a través de la especulación mediante la búsqueda de rentas utilizando este monopolio u oligopolio. El espíritu empresarial y las prácticas innovadoras que buscan recompensar el riesgo de los negocios desaparecen, ya que el valor agregado es pequeño por parte de las empresas amigotes, y que casi nada de valor significativo es creado por ellas, con transacciones que toman la forma de comercio. El **Capitalismo de Amigotes** se extiende al gobierno, la política y los medios de comunicación, cuando ese nexo distorsiona la economía y afecta a la sociedad hasta el punto de corromper los ideales económicos, políticos y sociales de servicio público. El primer uso extenso del término "*capitalismo de amigotes*" se produjo en la década de 1980, para caracterizar la economía Filipina bajo la dictadura de *Ferdinand Marcos*, que se hizo millonario simplemente otorgando favores gubernamentales a capitalistas corruptos, en detrimento de la competencia leal para todos. El término *capitalismo de amigotes* tuvo un impacto significativo en el público como explicación de la crisis financiera Asiática.[4] El *capitalismo de amigotes* también se refiere a describir decisiones gubernamentales que favorecen a los *amigotes* de funcionarios gubernamentales. En este contexto, el término a menudo se usa en comparación con el *bienestar corporativo*, un término técnico que se usa a menudo para evaluar los rescates guberna-

---

[4] En otro caso, la presidenta de Corea del Sur, **Park Geun-hye**, se reúne con regularidad en desayunos con los magnates de los negocios Lee Kun-hee y Chung Mong-koo, los directores de un grupo de conglomerados empresariales masivos, en su mayoría administrados por familias, llamado **chaebol**, que domina la economía de Corea del Sur.

mentales y la política monetaria favoritita en oposición a la teoría económica descrita por el *capitalismo de amigotes*. El alcance de la diferencia entre estos términos es que una acción del gobierno beneficia al individuo (*capitalismo de amigotes*) en lugar de a la industria (*bienestar corporativo*).

El *capitalismo de amigotes* existe a lo largo de un continuo. En su forma más llevadera, consiste en una colusión entre los actores del mercado que el gobierno tolera o alienta oficialmente. Si bien tal vez compitan ligeramente entre sí, presentan un frente unificado, "*a veces llamado asociación o grupo comerciales de la industria*", al gobierno para solicitar subsidios, ayuda o regulación.

Los **amigotes** los vuelven ricos

Por ejemplo, los recién llegados a un mercado deben superar importantes barreras de entrada para buscar préstamos, adquirir espacio en los estantes o recibir una sanción oficial. Algunos de estos sistemas están muy formalizados, como las ligas deportivas y el *Sistema Medallón* de los taxis de la ciudad de Nueva York, pero a menudo el proceso es más sutil, como ampliar la capacitación y los exámenes de certificación para que sea más costoso para los nuevos participantes ingresar a un mercado, limitando así la competencia potencial. En los campos tecnológicos, puede consistir en un sistema por el cual los nuevos participantes pueden ser acusados de infringir patentes que los competidores establecidos nunca hacen valer entre sí. A pesar de esto, algunos competidores pueden tener éxito cuando las barreras legales son ligeras.

El término *capitalismo de amigotes* se usa generalmente cuando estas prácticas llegan a dominar la economía en su conjunto, o llegan a dominar las industrias más valiosas de una economía. Las leyes y reglamentos intencionalmente ambiguos son comunes en esos sistemas. Tomadas estrictamente, esas leyes impedirían en gran medida prácticamente todas las actividades comerciales, pero en la práctica solo se aplican de manera irregular. El espectro de que tales leyes se derrumben repentinamente sobre un negocio proporciona un incentivo para permanecer en la "*amistad y buena voluntad*" de los funcionarios políticos. A los rivales problemáticos que se han excedido en sus límites, se les pueden aplicar estas leyes repentinamente, lo que puede generar multas o incluso penas de cárcel. Incluso en democracias de altos ingresos con sistemas legales bien establecidos y libertad de prensa, un estado más grande generalmente se asocia con una mayor corrupción política.

El término *capitalismo de amigotes* también se usa para señalar cómo los miembros de la familia de los líderes gobernantes se vuelven extremadamente ricos sin justificación alguna excepto "*corrupción.*" Se puede decir con certeza que en numerosos casos, esta es la principal fuente de corrupción de los políticos que ingresan al servicio del gobierno como el ambiente ideal para convertirse en millonarios. Desafortunadamente, en estos tiempos en los Estados Unidos, esa práctica corrupta se observa y proviene de algunos de los niveles más altos del gobierno.

El *capitalismo de amigotes* es diferente al "*capitalismo antipatriótico,*" que es un término aplicado a los capitalistas que, en busca de enormes ganancias, están dispuestos a hacer negocios con enemigos políticos y militares de su propio país. En la economía Americana de principios del Siglo XXI, la lista es demasiado extensa e incluye compañías Estadounidenses muy conocidas como **Nike, Gucci, Abercrombie & Fitch, Avon, Colgate, Palmolive, Tyson, Nabisco, Kellogg's, Danone, Conagra, la NFL,** y **Tupperware.**

La industria de defensa en los Estados Unidos a menudo se describe como la vitrina del *capitalismo de amigotes*. Es una industria en la que los críticos describen las conexiones con el Pentágono y los cabilderos en Washington, como más importantes que la calidad de sus productos o servicios debido a la naturaleza política y secreta de los contratos de defensa.

La Revolución Industrial comenzó en Gran Bretaña porque fueron los primeros en limitar con éxito el poder de los grupos de veto (típicamente amigotes de aquellos con poder en el gobierno) para bloquear las innovaciones:

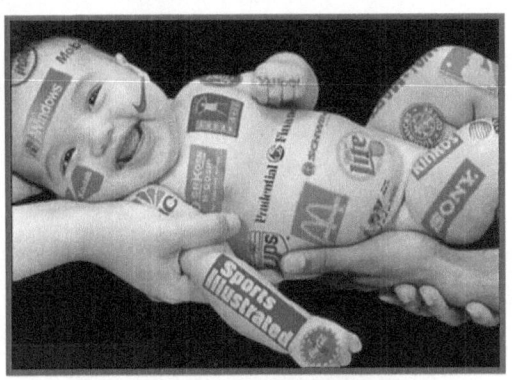

El Nacimiento del **Capitalismo Antipatriótico**

> «*A diferencia de la mayoría de los demás entornos nacionales, el entorno británico de principios del siglo XIX presentaba relativamente pocas amenazas para quienes mejoraban y aplicaban los inventos existentes, ya fuera de los competidores comerciales, los trabajadores o el propio gobierno. En otros países europeos, por el contrario, el comerciante Los gremios ... fueron una fuente generalizada de veto durante muchos siglos. Este poder generalmente les fue otorgado por el gobierno.*»

Los verdaderos partidarios y creyentes del *capitalismo honesto* también son serios opositores al capitalismo de amigotes. Además, lo consideran una aberración incompatible con el libre mercado. Los defensores del capitalismo honesto consideran el término como un oxímoron, argumentando que "*el capitalismo de amigos no es capitalismo en absoluto.*" Creen que el *amiguismo* es el resultado de un exceso de interferencia en el mercado que inevitablemente dará como resultado una combinación tóxica de corporaciones y funcionarios gubernamentales que dirigen sectores de la economía, que no es sino "*una forma moderna de mercantilismo*."

Incluso aun si hay razones bien intencionadas (para frenar los abusos reales o para reducir las regulaciones ilógicas), la combinación de empresas y gobierno sofoca la competencia, y los "*empresarios políticos*" deben ser menospreciados.

Los empresarios del mercado como Cornelius Vanderbilt y John D. Rockefeller tuvieron éxito al producir un producto de calidad a un precio competitivo. Esos eran verdaderos capitalistas. Otros, como los líderes de Union Pacific Railroad, fueron hombres que usaron el poder del gobierno para tener éxito y obtener subsidios, o de alguna manera usaron al gobierno para detener a los competidores. Eso fue censurable.[5]

---

[5] Otro ejemplo: la presidenta de Corea del Sur, *Park Geun-hye*, y los magnates de los negocios *Lee Kun-hee* y *Chung Mong-koo*, son socios de un grupo de conglomerados empresariales masivos, en su mayoría familiares, llamados **Chaebol**, que domina desde hace años la economía de Corea del Sur.

# Decadencia de estándares académicos en las escuelas

El comienzo del Siglo XXI se ha caracterizado por el aparente éxito de unos ideólogos radicales que, alimentados por miles de millones de dólares de fundaciones Americanas de extrema izquierda, están destruyendo la educación pública.

Como consecuencia de la epidemia COVID, se produjo un cierre temporal de las escuelas, la práctica del aprendizaje a distancia por la Internet, la ausencia física de los maestros y educadores, y numerosas batallas en las juntas escolares. Tres lamentables tendencias se han vuelto cada vez más difíciles de ocultar. La *primera* es el fracaso de muchas de las escuelas primarias y secundarias de Estados Unidos para educar a los niños de manera competente, un fracaso marcado por niveles angustiosamente bajos de competencia estudiantil y brechas de rendimiento cada vez mayores en materias básicas como matemáticas y lectura. La *segunda* es la creciente prominencia de la ideología radical en las aulas, desde K-12 a las Universitarias, a lo largo de toda la nación. La *tercera* es una sorpresiva actitud de los sindicatos de maestros que lejos de agilizar la vuelta a la normalidad, se volvieron propagandistas de mantener las aulas vacías en una supuesta protección a la niñez y los jóvenes estudiantes.

¿Es esto un espectáculo adecuado para niños?

Igualmente inquietante es la evidencia de que estas tendencias están en gran medida *correlacionadas* y que un triángulo de hierro de actores egoístas está contribuyendo a su aceleración en los distritos escolares de todo el país, incluso aquellos estimados por su alto rendimiento.

Durante la última década, cientos de distritos escolares locales han demostrado ser blancos fáciles para los *ideólogos radicales* que buscan adquirir "*poder cultural.*" Los distritos escolares, que históricamente disfrutaban de un alto nivel de confianza pública, han decepcionado y sacudido en gran medida la convicción que tenían muchos padres de que los educadores antepondrían el bienestar de sus hijos ante sus intereses sindicales. En materia educacional, siempre se prestó poca atención a la política sindical, la toma de decisiones de las Juntas escolares, los planes de estudios del aula, o la capacitación de maestros.

Aprovechando la incertidumbre de la pandemia COVID, activistas y grupos de interés especial financiados por fundaciones de extrema izquierda han inundado la educación primaria y secundaria con **CRT**, la teoría radical sobre la raza, el transgenderismo, la volatilidad del género, la complejidad de asimilar el laberinto del sexo, y el fenómeno de homosexualidad. La indoctrinación ha sido generalmente bajo la apariencia de frases que suenan inocuas como *"educación basada en la equidad, enseñanza culturalmente sensible y aprendizaje social y emocional."*

**Rhonda Weingarten** la desacertada presidenta de los maestros de la American Federation of Teachers

A los niños se les ha enseñado cada vez más que las instituciones occidentales son *"sistémica e irremediablemente racistas, sexistas, etc.,"* y se ha dedicado más tiempo a esas temáticas nuevas y prematuras que lo que se dedica a aprender y dominar la lectura y adecuadamente saber hacer matemáticas. Los distritos más investidos de ideología radical generalmente tienen los peores resultados en términos de logros académicos y disparidades raciales. Cuando se adoptan esas iniciativas de izquierda, estadísticamente se produce una brecha de rendimiento entre blancos y negros de la nación.

Muchos padres preocupados por la perversión de la mente de los niños con esas teorías radicales, a veces creen que los envenenadores están animados por *"una buena voluntad"* de promover la sensibilidad racial, la tolerancia y el progreso de los vulnerables y menos privilegiados. No cabe duda, sin embargo, que hay fuertes intereses monetarios que motivan a quienes facilitan tales iniciativas, y cómo esos elementos se benefician directamente al traicionar los intereses de los niños.

La *"equidad"* es la palabra clave para forzar resultados *"equitativos"* y hacer *"reparaciones"* por injusticias pasadas reales o supuestas. Hay distritos escolares que han contratado a un ejército de *burócratas* y *consultores* pagados extravagantemente para diseminar o forzar el concepto de *"equidad."* Incluso cuando las escuelas estaban cerradas y los niños *"aprendiendo por la Internet"*, los *burócratas* y *consultores oficiales* de *"equidad"* recién instalados continuaron generando salarios de seis cifras. Los Distritos Escolares de todo el país, incluidos muchos que tienen dificultades financieras, con frecuencia reparten cientos de miles para cubrir las tarifas exorbitantes que cobran los consultores *"antirracistas,"*, lo que a veces resulta en tener que despedir a los maestros.

Estos estafadores altamente pagados no son los únicos que se benefician del lucrativo negocio de la *"equidad"* y el *"antirracismo"*. Los líderes sindicales, los superintendentes y otros que tratan de ocultar la responsabilidad por el fracaso, tienen un interés personal en mantener la farsa. En lugar de trabajar para solucionar el problema y admitir que les están fallando a los niños, ellos promulgan la idea de que los requisitos de asistencia, los estándares de desempeño y otros criterios utilizados para medir el mérito y el éxito están *"amañados"* para preservar el privilegio de los Blancos, los ricos y los ciudadanos cisgénero.

Tanto los educadores de bajo como los de alto rendimiento se ven presionados a bajar drásticamente las expectativas. Hablando en términos prácticos, esto ha resultado en una *"inflación de calificaciones generalizada,"* eliminando los requisitos de exámenes y asistencia, y graduando estudiantes de la escuela secundaria que se saben que son analfabetos funcionales. Esto permite a las partes interesadas manipular los libros y reclamar el éxito incluso cuando la situación ha empeorado.

Toda esta disfunción está financiada por fundaciones de élite, muchas de ellas financiadas por **Mr. George Soros**, con personal radical y mano abierta de miles de millones de dólares libres de impuestos. *"A la mayoría de la gente no se le ocurre que la Fundación Ford actúe como un villano,"* pero la gente detrás de **CRT** son ahora esas fundaciones, profundamente radicalizadas, poderosas, y anti-Americanas en su visión y comportamiento. No van bien las cosas en el mundo de la escuela. El encubrimiento vergonzoso del pésimo desempeño de las escuelas públicas perjudica más a los estudiantes

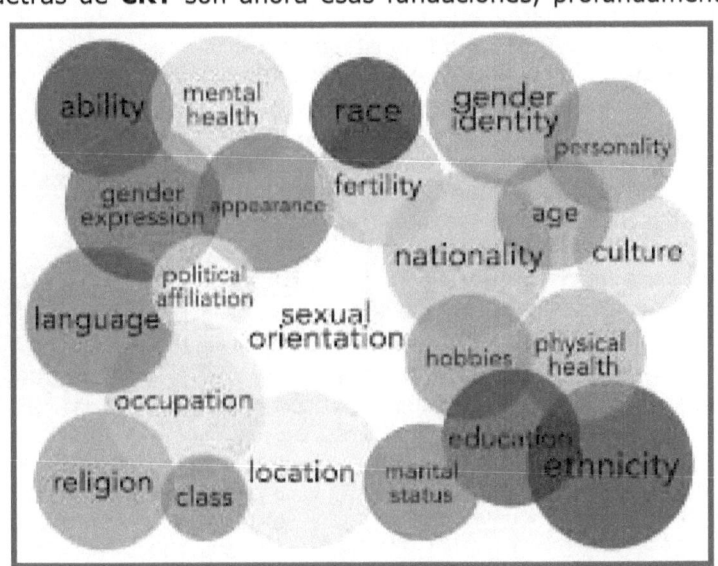

Hay temas fuera de lugar en muchas escuelas

pobres, minoritarios y muchos estudiantes vulnerables. **CRT** y **Diversidad, Equidad** e **Inclusión (DEI)**, no solo son una pérdida de tiempo y recursos, sino también han agravado las disparidades, y han afectado principalmente a las clases pobres. Que lo haya permitido una Junta Escolar en un lugar remoto quizás tenga alguna excusa. Pero que lo permitan **Columbia, Harvard, Yale, Hopkins, Stanford, Georgetown, MIT**, y otras grandes Universidades Americanas, es una verdadera vergüenza.

# El Departamento de Justicia y el FBI de los Estados Unidos se han convertido en instrumentos políticos partidistas

La acusaciones recientes del Departamento de Justicia contra el expresidente **Donald Trump**, han generado una indignación generalizada por la naturaleza grave con que la administración de **Joe Biden**, el presidente en funciones, trata de eliminar políticamente a su rival político. El acoso constate, y en curso contra Trump por parte de ambas organizaciones gubernamentales es único en nuestra historia; los funcionarios federales no solo han interferido en las elecciones presidenciales del 2016 y el 2020, sino que también están interfiriendo activamente en la próxima de 2024.

Por atroz que pueda parecer, estos son solo algunos de los muchos casos de una guerra partidista del gobierno de los Estados Unidos contra las libertades civiles de los Estadounidenses y el orden y respeto a la voluntad ciudadana. En los últimos años, varios funcionarios federales han sido acusados, arruinados y arrestados por "*supuestamente confabularse,*" contra la voluntad popular, y han sido silenciados en una abierta censura la libertad de expresión. Estas acciones también han sido dirigidas a los opuestos al aborto si restricciones, los padres que se niegan a ver a sus hijos adoctrinados en el Marxismo y el libertinaje sexual, y las familias con cánones cristianos, particularmente los católicos. Las restricciones impuestas con relación al CoVID-19, han sido una excusa para orquestar el mayor asalto patrocinado por el estado contra las libertades Estadounidenses en la era moderna.

La triste ironía que se encuentra en todo esto, es que muchos importantes funcionarios Estadounidenses critican regularmente a otros países por participar en muchos de estos comportamientos autoritarios, antidemocráticos e ilegales.[6] elecciones. Mientras tanto, el secretario de Estado de Estaos Unidos, **Antony Blinken**, emitió un comunicado en Marzo de 2021 criticando al gobierno Chino por interferir en las elecciones de Hong Kong para beneficiar a los candidatos pro-China.

Nada de esto sugiere que los niveles de persecución cometidos por Rusia, China y los Estados Unidos contra sus respectivos pueblos sean equivalentes, pero hay que resaltar el riesgo para la reputación internacional de Estados Unidos si el gobierno continúa adoptando estas tácticas de estado policial.

Después de todo, ¿qué país en su sano juicio va a tomar en serio las preocupaciones de Estados Unidos sobre las "*violaciones de los derechos humanos*" si el gobierno Americano trata a sus ciudadanos como a los de las repúblicas bananeras? Cualquier crítica Estadounidense a lo que los gobiernos Chino o Ruso están haciendo a su pueblo caería en oídos sordos.

De hecho, los funcionarios del **Partido Comunista Chino** (CCP) ya han comenzado a distorsionar los asuntos internos de Estados Unidos para tratar de ganar terreno moral durante los intercambios diplomáticos con América. Poco después de que **Joe Biden** asumiera el cargo, por ejemplo, el

CCP y los funcionarios Estadounidenses encabezados por Blinken se reunieron en Alaska para discutir una gran variedad de temas, incluidos los derechos humanos. En respuesta a las preocupaciones de Blinken sobre la "continua persecución de los Uigures en China, la delegación del CCP contraatacó acusando a los Estados Unidos de costosos e incontrolables disturbios...

«... *Causados por un pueblo que detesta su gobierno. El hecho es que hay muchos problemas dentro de los Estados Unidos con respecto a los derechos huma-*

---

[6] En 2021, por ejemplo, Estados Unidos se apresuró a condenar el encarcelamiento de **Alexei Navalny**, líder de la oposición Rusa y crítico abierto del presidente Vladimir Putin, que fue declarado culpable de cargos de "*fraude*" por funcionarios del gobierno y se le prohibió en 2017 postularse en la presidencia de la nación Rusa.

*nos, lo cual también ya ha sido admitido por los propios Estados Unidos. Los desafíos que enfrenta Estados Unidos en materia de derechos humanos están profundamente arraigados.»*

Esas fueron las palabras de **Yang Jiechi**, el jefe de Asuntos Exteriores del CCP.

¿Cómo se supone que **Blinken** y compañía deben responder a eso cuando la administración de Biden ha expresado exactamente los mismos sentimientos? Cualquier negación de estas acusaciones o una defensa a todo pulmón de los Estados Unidos los expondría como los fraudes raciales que son. Es igualmente apremiante preguntar:

*«¿Qué impide que estos mismos funcionarios del CCP invoquen cualquiera de los muchos abusos reales que el gobierno de Estados Unidos ha cometido en los últimos años para distraer o incluso justificar el uso de tácticas similares por parte de **Xi Jinping** contra ciudadanos Chinos? ¿Qué impide que los funcionarios de cualquier gobierno despótico lo hagan?»*

Si bien los Estadounidenses se dan cuenta lentamente de lo cada vez más autoritario se ha vuelto nuestro gobierno, esa realidad ciertamente no ha pasado desapercibida para las naciones más despóticas del mundo. El fracaso continuo en defender los principios que la convirtieron en "la ciudad brillante del mundo en una colina," en palabras de Ronald Reagan, destruirá no solo los cimientos mismos de la república Estadounidense, sino también la credibilidad Americana ante los ojos del mundo.

---

# La prensa Americana ya no es veraz ni patriótica

Unos medios de comunicación veraces e independientes son fundamentales para la existencia misma de una democracia informada. Sin embargo, los principales medios de comunicación hoy en día están en la cama con los poderes económicos y políticos a los que se supone que deben vigilar. Las fusiones en el mundo de las noticias han aumentado a un ritmo récord. El resultado es una limitación drástica del espectro de puntos de vista transmitidos en los medios de comunicación. Dado que los medios de comunicación Estadounidenses son propiedad y están controlados principalmente por conglomerados masivos con fines de lucro y respaldados por patrocinadores corporativos, el periodismo independiente está extremadamente comprometido.

Es por eso por lo que la rentabilidad de los accionistas de los conglomerados se ha convertido en la prioridad número uno de la prensa que es de su propiedad. Las grandes corporaciones de medios también son cada vez menos en número, ya que las más grandes compran las más pequeñas cuando se ponen en venta. Muy a menudo, cuando las organizaciones de noticias caen bajo el control de grandes conglomerados con intereses en otras industrias, la imparcialidad se resiente. *General Electric*, por ejemplo, es propietaria de **NBC**, *Time Warner* es propietaria de **CNN** y *Murdoch's News Corp* es propietaria de **The Wall Street Journal**.

El panorama de los medios ahora está más fragmentado que nunca, más partidista, y alimenta a su audiencia con historias de *"carne roja"* como su producto principal. El sensacionalismo es bueno para los ratings y mantiene contentos a los accionistas. Se puede decir honestamente que la prensa Estadounidense ahora está enfocada y atendiendo a los lectores y espectadores con la mínima capacidad de entendimiento.

La prensa impresa de calidad se está reduciendo rápidamente, no solo por la disminución del número de lectores, sino también por la rápida disminución de los ingresos publicitarios. Los periódicos más grandes y prestigiosos, como **The New York Times**, **The Washington Post** y **The Los Angeles Times**, están sintiendo la presión y están listos para ponerse en venta y ser adquiridos por cualquier gran corporación.

En cuanto a la "*objetividad*" en algunas de las publicaciones más reputadas, se está estableciendo una tendencia alarmante. Durante el período previo a la guerra en Irak, muchos periodistas tocaban los tambores de guerra para lograr que la opinión pública Estadounidense fuera favorable a la invasión. Ninguno puso en duda o investigó si Irak en efecto tenía almacenadas "*armas de destrucción masiva.*" *The New York Times, por ejemplo,* siempre informa favorablemente sobre Israel; *The Washington Post* parece tener la exclusividad de las noticias provenientes de la CIA.

"La objetividad no debería existir en el periodismo", porque "el deber supremo del periodista de izquierda no es servir a la verdad, sino a la revolución".

**Salvador Allende**
*El Mercurio, 9 de abril de 1971*

Las personalidades de los medios informativos en TV, en su mayoría, no son, tienen una agenda política muy específica y le dicen a su audiencia exactamente lo que quieren escuchar. Más que informar sobre las noticias y los hechos, tergiversan la realidad para que encaje y se ajuste a sus opiniones personales preconcebidas. Pero donde el partidismo y la tergiversación de información real está en su apogeo es en la televisión por cable; los más evidentes encubridores son **CNN**, **Fox News** y **MSNBC**.

"*Toda la política es local*", fue lo que presumiblemente dijo Tip O'Neill en 1932. Esto podría explicar en parte por qué a la democracia le va tan mal, especialmente, pero no solo, en Estados Unidos.

Para que el gobierno local funcione correctamente, debe existir un periodismo local que haga rendir cuentas a los políticos y legisladores. Pero el periodismo local se ha estado hundiendo en casi todo Estados Unidos. Los ciudadanos no pueden conectarse con la vida cívica, tanto a nivel local como, eventualmente, a nivel nacional. Los problemas locales que podrían tener un significado más amplio no se declaran y muchos de los efectos sobre el terreno de las políticas nacionales no se reconocen. Durante la mayor parte del siglo XX, el negocio de las noticias se basó en los ingresos publicitarios; ese modelo comenzó a desaparecer a fines de la década de 1990 cuando la Internet se hizo omnipresente. El periodismo local se vio muy afectado cuando los ingresos de los anuncios migraron al mundo de las computadoras, posiblemente porque los periódicos locales carecían de los recursos para desarrollar innovaciones atractivas que pudieran aumentar sus suscripciones.

Según algunos estimados, un tercio de los periódicos que existen en los Estados Unidos en 2023 desaparecerán para 2035. Los efectos e implicaciones para la democracia están fuera de debate. Los científicos sociales que estudian el tema han demostrado claramente que...

> «... cuando se debilita o se reduce el periodismo local, ocurren mayores niveles de corrupción, se socava la competencia política y se reduce la participación ciudadana.»

La democracia depende de las buenas comunicaciones. La comunicación efectiva, a su vez, depende de comprender qué decisiones democráticas son realmente importantes. Ha sido demasiado fácil volverse condescendiente con la fuerza de la prensa libre estadounidense. Proteger a la prensa del gobierno es, después de todo, una de las razones por las que existe la Constitución. La Primera Enmienda protege los derechos de la prensa para recopilar y reportar las noticias. La prensa, por supuesto, disfruta de derechos y protecciones constitucionales clave, pero estas protecciones tienden a ser más limitadas y menos estrictas de lo que deberían ser. En cambio, la prensa Estadounidense ha tenido que llegar a depender de una serie de garantías no constitucionales para hacer su trabajo. La Primera Enmienda prohíbe al gobierno "*restringir la libertad de expresión o de prensa*". Esta referencia textual explícita convierte a la prensa en "*el único negocio privado organizado que goza de protección constitucional explícita*". James Madison dijo una vez que "*la libertad de prensa es el baluarte más importante y grande de la libertad*".

El derecho fundamental a buscar y difundir información a través de una prensa independiente, sin embargo, está bajo ataque, y parte del ataque proviene de un inesperado crecimiento tecnológico de los medios de comunicación, que ha dado cabida a personas inexpertas o inescrupulosas a entrar en el mundo de la información política.

# Los Estados Unidos se han convertido en un país poderoso que no tiene fronteras

Aunque la idea de las fronteras tiene miles de años, el sistema actual es relativamente reciente, el producto de una devastadora guerra religiosa Europea que duró décadas y terminó en 1648 con **la Paz de Westfalia**. Ese acuerdo estableció un orden político completamente nuevo, dirigido por el principio de *cuius regio, eius religio* - "*cada reino, su religión*", o el derecho de un monarca a imponer su propia religión a sus súbditos. Pero, más que eso, colocó esa autoridad exclusiva, que también estaba sobre el gobierno, los impuestos, la ley y el ejército, dentro de un área geográfica específica.

En los 300 años transcurridos desde que se comenzó a trazar fronteras en el suelo, los seres humanos han mostrado resistencia a quedarse donde están. La idea de que las *fronteras* son de alguna manera fijas o inmutables comenzó a verse como ficción, y hasta el momento presente, se debate si es así, constantemente a una variedad de desafíos, desde la *globalización* e *Internet* hasta la *migración masiva*.

De hecho, existen varios precedentes de nación sin fronteras. **Sápmi**, en Escandinavia, es la "*nación*" del último pueblo indígena que queda en el norte de Europa, los **sami**. Existe dentro y a través de Suecia, Noruega, Finlandia y Rusia. Tiene una población definida y un parlamento, pero ningún territorio delimitado propio. Más bien, los sami, algunos de los cuales todavía llevan una existencia seminómada como pastores de renos, confían en los derechos de otras naciones para practicar su cultura en su territorio (¿patria?) del extremo norte. Esto, por supuesto, trae conflictos, los gobiernos escandinavos buscan explotar la tundra para aprovechar la energía eólica, extraer depósitos de cobre e incluso construir líneas ferroviarias de alta velocidad. Los **sami** han logrado establecer argumentos legales que impugnan esos desarrollos y les permite mantener su forma de vida, y por supuesto el territorio.

Los grandes encuentros fronterizos en las fronteras Norteamericanas comenzaron en el año fiscal 2019, cuando se registraron 851,508 encuentros, de los cuales la frontera México-USA abarcó más del 97% del total. Desde entonces han ocurrido numerosos encuentros con no Mexicanos involucrando a personas de los países del Triángulo Norte de Honduras (308,931), Guatemala (279,0330), y El Salvador (95,930).

Los encuentros comenzaron a aumentar vertiginosamente en el año fiscal 2022, esta vez con personas de Ecuador (95,692), Brasil (56,735), Nicaragua (49,841), Venezuela (47,752), Haití (45,532) y Cuba (38,139). A eso se ha unido en años sucesivos inmigrantes de Rumania (4,029, Turquía (1,366, y decenas de países que hoy incluyen 156 nacionalidades. En cuanto a niños no acompañados, aumentaron de 30,557 en 2020 a 144,834 en 2021, mientras grupos familiares aumentaron hasta llegar a la cifra de 451,087 en 2022. Sin embargo, y con un mayor riesgo para los Estados Unidos, los encuentros con adultos solteros, alcanzaron la cifra de 1,063,285 en 2021, una cifra que fue el 64% del total de infiltrados.

En Marzo de 2020, la administración del presidente Donald Trump invocó el **Título 42**, una orden de salud pública que permitía a la Patrulla Fronteriza expulsar a los migrantes de inmediato en un esfuerzo por controlar la propagación interna del coronavirus. La administración del presidente Joe Biden ha seguido expulsando inmigrantes bajo el Título 42, aunque en una muy menor medida que la administración anterior.

El presidente Donald Trump desplegó a miles de miembros de la Guardia Nacional y militares en servicio activo para ayudar a asegurar la frontera con México y declaró una emergencia nacional que desbloqueó los fondos para construir un muro fronterizo. El presidente Joe Biden revirtió esas políticas de la era Trump, y parece ignorar los peligros que representa una cantidad a todas luces "*controlable pero desatendida*," de inmigrantes ilegales.

Al principio de su administración, el presidente Joe Biden revocó muchas decisiones de la era de Trump, incluida haber detenido la construcción del muro fronterizo, la flexibilización de muchas restricciones a los solicitantes de asilo, y la búsqueda de diplomacia regional para abordar las causas profundas de la migración irregular. Sin embargo, un flujo continuo de migrantes que llegan a la frontera, hace rato ha estado abrumando el sistema de inmigración de los Estados Unidos y poniendo a prueba las capacidades federales de controlarlo.

¿Hay solución para lo que está pasando en la frontera sur de los Estados Unidos? Los cruces fronterizos ilegales ya se han disparado a niveles récord. Entre los años fiscales del 2021 al 2023, las autoridades de inmigración han detenido y dejado entrar a más de 7 millones de personas en la frontera entre los Estados Unidos y México, la cifra más alta jamás registrada. Aproximadamente una cuarta parte de todos los migrantes provienen El Salvador, Guatemala y Honduras; otros países importantes de los que vienen inmigrantes son Cuba, Haití, Nicaragua y Venezuela.

Asegurar las fronteras recae principalmente en la Oficina de Aduanas y Protección Fronteriza (*Customs and Border Protection* **CBP** en inglés), una rama del **DHS** (*Department of Homeland Security*) de los Estados Unidos. Junto con agencias como la Administración de Seguridad del Transporte y la Administración de Control de Drogas (**DEA**), la **CBP** es responsable de supervisar y hacer cumplir las leyes relacionadas con el comercio y los viajes dentro y fuera del país. Sus deberes incluyen *"prevenir la entrada de delincuentes, posibles terroristas y contrabando."* **CBP** inspecciona inmigrantes y carga en 328 puertos de entrada oficiales, patrulla miles de millas de frontera al norte y sur del país y ayuda a investigar redes criminales, entre otros trabajos [PDF]. De los más de sesenta mil empleados de CBP, casi un tercio son agentes de la Patrulla Fronteriza, que trabajan exclusivamente entre los puertos de entrada.

¿No puede hacer nada el ejército? La Ley **Posse Comitatus de 1878** limita el papel de las fuerzas armadas de los Estados Unidos en hacer cumplir las leyes nacionales, restringiendo las interacciones entre las tropas en servicio activo y los migrantes en la frontera entre Estados Unidos y México. Según estas reglas, las tropas en servicio activo no pueden detener ni deportar a inmigrantes no autorizados ni realizar registros e incautaciones, aunque se sabe que un buen número son pandilleros centroamericanos y posibles terroristas del sur de Asia y Medio Oriente que se unen a caravanas de migrantes para infiltrarse en los Estados Unidos. Al igual que la Guardia Nacional, a menudo brindan apoyo indirecto, como realizar vigilancia aérea, reparar o reforzar la infraestructura y realizar tareas administrativas. A diferencia de la **Guardia Nacional** y la **CBP**, el personal en servicio activo en la frontera no lleva armas cargadas. Por lo general, los funcionarios armados no pueden usar la fuerza letal. Según la política de **CBP**, los agentes pueden usar la fuerza considerada "*objetivamente razonable y necesaria*" para obtener el control de una situación, teniendo en cuenta si una persona representa una amenaza a la seguridad o se resiste al arresto; la fuerza excesiva está prohibida. Un agente puede usar la fuerza letal solo en caso de peligro inminente de muerte o lesiones graves.

El personal de **CBP** enfrenta cientos de agresiones cada año. En el año fiscal 2022, más de 600 oficiales y agentes fueron atacados mientras estaban de servicio en la frontera sur, y ya se han producido más de 300 incidentes de ese tipo en los primeros ocho meses del año fiscal 2023; 275 personas, tanto ciudadanos como no ciudadanos, han muerto en enfrentamientos con agentes fronterizos desde 2010.

Los tipos de personas que llegan a la frontera sur han variado con el tiempo. Durante gran parte de las décadas de 1990 y 2000, eran en su mayoría de México y, a menudo, adultos en busca de trabajo. Aunque la migración de México cayó considerablemente a partir de mediados de la década de 2000, sigue siendo el principal país de origen de los inmigrantes. Mientras tanto, el número de migrantes de otras regiones, incluidas Asia y América Central, ha aumentado en los últimos años.

Asegurar las fronteras recae principalmente en la *Oficina de Aduanas y Protección Fronteriza* (**CBP**) de los Estados Unidos, una rama del *Departamento de Seguridad Nacional de los Estados Unidos* (**DHS** en Inglés), el departamento ejecutivo federal de los Estados Unidos responsable de la seguridad pública, más o menos comparable a los Ministerios del Interior o de Gobernación ide otros países. Junto con agencias como la *Administración de Seguridad del Transporte y la Administración de Control de Drogas* (**DEA**), la **CBP** es responsable de supervisar y hacer cumplir las leyes relacionadas con el comercio y los viajes dentro y fuera del país. Sus deberes incluyen prevenir la entrada de delincuentes, posibles terroristas y contrabando, inspeccionar inmigrantes y carga en 328 puertos de entrada oficiales, patrullar miles de millas de frontera al norte y sur del país, y ayudar a investigar redes criminales.

La **Guardia Nacional**, una fuerza militar de reserva desplegada para una amplia gama de misiones en el país y en el extranjero, ha sido llamada por varios presidentes de los Estados Unidos durante las últimas dos décadas, para ayudar a los agentes fronterizos con la inmigración no autorizada y el tráfico de drogas. La administración de *George W. Bush* desplegó aproximadamente 6,000 soldados de la Guardia Nacional en la frontera; la administración de *Barack Obama* envió alrededor de 1,200 antes de reducir la fuerza. Los soldados de la Guardia Nacional pueden ser llamados a la acción por un gobernador estatal o, en algunos casos, por el presidente. Su misión es ayudar a los agentes fronterizos en tareas logísticas, administrativas, de vigilancia y análisis de inteligencia, así como brindar apoyo aéreo y mecánico.

Ya en Agosto de 2020, el Pentágono había enviado a más de 2,500 miembros de la *Guardia Nacional* para ayudar a la **CBP** en los estados fronterizos de Arizona, California, Nuevo México y Texas. La administración Trump mantuvo tropas de la Guardia Nacional allí hasta 2020, incluso cuando las detenciones de migrantes se desplomaron debido a la pandemia **COVID**. A mediados de 2021, la administración de Biden anunció que hasta 3,000 militares ayudarían a **CBP** y **DHS**, pero sólo hasta Septiembre de 2022.

El gobernador de Texas, **Greg Abbott**, comenzó a implementar un programa de control fronterizo de US$4 Billones, conocido como **Operación Lone Star**, cuyo objetivo era frenar los cruces fronterizos ilegales con la ayuda de la Guardia Nacional de Texas y las tropas estatales. Parte del plan hoy en día incluye desplegar *barreras flotantes* en el Río Grande para disuadir a los migrantes de cruzar, una medida que, según el *Departamento de Justicia*, carece de aprobación federal.

Históricamente, ha sido raro que las fuerzas militares Estadounidenses en servicio activo sean enviadas a la frontera. En las últimas décadas, los soldados se han coordinado en ocasiones con las autoridades fronterizas para proporcionar vigilancia de alta tecnología y otros reconocimientos. Actualmente, aproximadamente 4,000 soldados, una mezcla de personal en servicio activo y de la Guardia Nacional, están estacionados en la frontera. Esto incluye 1,500 tropas en servicio activo desplegadas temporalmente en la frontera por la administración Biden antes de la expiración del Título 42 en Mayo de 2023.⁷

Greg Abbott
Gobernador de Texas

La Ley *Posse Comitatus* de 1878 limita el papel de las fuerzas armadas de los Estados Unidos en hacer cumplir las leyes nacionales, restringiendo las interacciones entre las tropas en servicio activo y los migrantes en la frontera entre los Estados Unidos y México. Bajo esas reglas, las tropas en servicio activo no pueden detener ni deportar a inmigrantes no autorizados ni realizar registros e incautaciones. A diferencia de la **Guardia Nacional** y la **CBP**, el personal en servicio activo en la frontera no lleva armas cargadas.

En el año fiscal 2022, más de 600 oficiales y agentes fueron atacados mientras estaban de servicio en la frontera sur, y ya se han producido más de 300 incidentes de este tipo en los primeros ocho meses del año fiscal 2023. La administración Trump enmarcó repetidamente la vigilancia

---

⁷ Según la legislación conocida como **Título 42**, la Patrulla Fronteriza podría expulsar rápidamente a alguien de los Estados Unidos y enviarlo de regreso a México o, en algunos casos, a su país de origen sin permitirle solicitar asilo en los Estados Unidos. El plan del presidente Biden eliminando el Título 42 implica más inmigración legal y una prohibición de asilo para ocho nacionalidades y para aquellos que cruzan ilegalmente junto con deportaciones a México. El Título 42 ha fallado en sus propios términos. Los cruces, legales e ilegales, han aumentado. Las evasiones de la Patrulla Fronteriza han aumentado. Los resultados hablan por sí solos. Desafortunadamente, el plan del presidente Biden ahora implica recrear en gran medida esas condiciones fallidas al prohibir el asilo bajo diferentes autoridades legales y deportar a más personas a México, donde no tendrán más opción que intentar cruzar ilegalmente nuevamente.

En el año fiscal 2022, más de 600 oficiales y agentes fueron atacados mientras estaban de servicio en la frontera sur, y ya se han producido más de 300 incidentes de este tipo en los primeros ocho meses del año fiscal 2023. La administración Trump enmarcó repetidamente la vigilancia fronteriza como una prioridad de seguridad nacional. Advirtió sobre pandilleros Centroamericanos y posibles terroristas del sur de Asia y Medio Oriente que organizan o se unen a caravanas de migrantes para infiltrarse en los Estados Unidos. Luego, el **DHS**, dijo en 2019 que **CBP** había bloqueado el ingreso a Estados Unidos en la frontera sur a más de 3,000 personas con patrones de viaje similares a los terroristas o conexiones con el terrorismo. Sin embargo, otras fuentes noticiosas, incluyendo el Washington Post cuestionó estas cifras.

Trump declaró una emergencia nacional, que extendió en 2020, lo que le permitió redirigir unos US$ 10 Billones del presupuesto militar para financiar la construcción de un **muro fronterizo** a lo largo de la frontera entre Estados Unidos y México, argumentando que mantendría alejados a los delincuentes y detendría el flujo de drogas. La medida desencadenó docenas de desafíos legales, pero la Corte Suprema permitió que la administración comenzara a utilizar los fondos desviados pendientes de litigio.

Como signatario de la *Convención de las Naciones Unidas sobre los Refugiados* de 1951 y su Protocolo de 1967, Estados Unidos se ha comprometido a proporcionar refugio a las personas con...

«...temor fundado de ser perseguidos por motivos de raza, religión, nacionalidad, pertenencia a un grupo social en particular u opinión política. Los solicitantes deben demostrar un temor creíble de ser asesinados o torturados si regresan a su país de origen...»

Biden ha desmantelado esa y otras políticas de la era Trump y conserva otras. Rápidamente suspendió la construcción federal del **muro fronterizo** sur, aunque algunos gobernadores estatales continúan ampliándolo, y rescindió la declaración de emergencia nacional de Trump. Su administración también terminó oficialmente con la política de tolerancia cero y ha buscado terminar con el controvertido programa "**Quédate en México**."[8]

Aun así, la administración continúa enfrentando críticas por los informes de que podría comenzar a detener a las familias nuevamente.

---

[8] El 25 de Enero de 2019, el presidente de Estados Unidos, **Donald Trump**, y el presidente de México, **Andrés Manuel López Obrador**, pusieron en marcha el programa "**Quédate en México**" o MPP (*Protocolos de Protección a Migrantes*). En virtud de este, los funcionarios fronterizos Estadounidenses devuelven a las personas solicitantes de asilo no mexicanas y las hacen esperar durante meses o años en México mientras se resuelven sus solicitudes en los tribunales de inmigración Estadounidenses.

# El ataque del Marxismo a los Estados Unidos es universal y no ha reparado en nada

Cuando Estados Unidos entró en el siglo XXI, era una sociedad radicalmente diferente debido a la violencia vinculada a **Black Lives Matter** (**BLM**). Tomó años tejer la red revolucionaria que provocaría este cambio radical. Y, de hecho, los organizadores de las protestas se reunieron durante años para planificar cómo *"perturbar y transformar"* a Estados Unidos.

La mayoría de los Estadounidenses no vieron la transformación porque los medios nunca reflejaron o informaron sobre eso. En lugar de denunciar a esos revolucionarios y advertir a sus lectores y oyentes de los problemas que se avecinaban, los principales medios de comunicación, CNN, New York Times, Washington Post, MSNBC, ABC, CBS y NBC, decidieron abrazar la violencia y, sin críticas, presentarlo como un *"ajuste de cuentas racial"* o *"una inevitable justicia social."*

Esta abdicación masiva de responsabilidad dejó a las personas vulnerables a cambios profundos en el estilo de vida Estadounidense; cambios que nunca fueron honestamente discutidos, y mucho menos

Disturbio organizado por BLM

llevados a voto. Estados Unidos fue asaltado y nadie lo denunció ni se preocupó.

Los activistas criminales, en nombre de la justicia social, se abalanzaron sobre el salón de clases, el espacio de trabajo, los cuarteles militares, los lugares de culto y casi todos los demás aspectos de la vida. Su propósito era claro: cambiar los sistemas políticos y económicos del país. Su objetivo era cambiar radicalmente a los Estados Unidos. La estrategia: destruir el pasado, ya sean monumentos, historias, personalidades, libros, la Guerra Civil, e ignorar la Guerra Civil, las legislaciones de Derechos Civiles de mediados de la década de 1960, las dos elecciones consecutivas decididamente transformadoras de un hombre negro a la presidencia, todo fue para ser desechado para empezar de nuevo.

### La verdad sobre BLM

En cambio, se obtuvo lo que la mafia italiana solía llamar "**omerta**". La violencia de BLM en 2020 dejó unas 20 personas muertas y causó más de mil millones de dólares en pérdidas, el más costoso en la historia de Estados Unidos. Varias ciudades fueron testigos de más de 600 disturbios. Y la violencia no comenzó en 2020. Hubo más de 1,600 protestas de BLM en todo el país entre 2014 y 2019. Como resultado, se produjo un aumento del 10% en los homicidios de civiles, es decir, entre 1,000 y 6,000 homicidios adicionales. Mientras las cámaras de televisión mostraban los disturbios, los reporteros de muchas organizaciones de noticias decían...

«No se crean lo que están viendo, los incendios, la toma de comisarías y edificios oficiales, los apedreamientos, los vandalismos en las tiendas, la gente gritándoles policías en la cara, los vuelcos de los coches de policía... estas protestas están siendo pacíficas..."

En medio de todo esto, a los niños se les enseñaba a despreciar a su país por sus defectos, a los adultos se les conducía a sesiones de reeducación en sus lugares de trabajo, a las fuerzas armadas se les decía que ignoraran la necesidad de desarrollar misiles supersónicos, por ejemplo, y concéntrese en el arrepentimiento por sus *privilegios blancos*", y en la Universidad de Stanford y otras grandes instituciones de aprendizaje, una oficina de

CHOMSKY el "guru" de FSM

"**Diversidad, Equidad e Inclusión**" (**DEI**) les decía a los estudiantes y facultades que la palabra "*Estadounidense*" tenía que ser reemplazado por "*Americanos blancos con privilegios...*"

En menos de una generación de ciudadanos Estadounidenses, sus instituciones culturales adoptaron la narrativa de **BLM** y se convencieron de que Estados Unidos era *"un país de segunda clase opresivo y sistémicamente racista."* Fue una lealtad absoluta y resuelta a un perverso modelo Marxista que recibió dirección ideológica, y apoyo monetario, estratégico, táctico y emocional de actores extranjeros, especialmente de China.

Muy pocas personas en ese momento sabían sobre el proceso de construcción de movimientos más importante para los marxistas globales, el **Foro Social Mundial** (**FSM**). Los medios Estadounidenses, los intelectuales públicos y los funcionarios del gobierno no contaron con una evaluación precisa de la amenaza que representaban las organizaciones revolucionarias de izquierda como el **FSM**. Fue allí donde **Alicia Garza**, **Patrisse Cullors** y **Opal Tometi** (cofundadoras de **BLM** seis años después) se capacitaron con **Eric Mann** sobre cómo acabar con la sociedad Estadounidense. Sus palabras fueron ignoradas por la prensa diaria:

> «...capacitar a una nueva generación de activistas negros y latinos en las tradiciones de las organizaciones revolucionarias negras del Tercer Mundo y los Comunistas.»

Todo esto sucedió años antes de que **George Floyd**[9] muriera en 2020, y antes de la absolución de George Zimmerman por la muerte de **Trayvon**

---

[9] Entre 1997 y 2007, **George Floyd** cumplió 8 penas de cárcel por cargos de posesión de drogas, robo y allanamiento de morada, fue condenado por posesión de crack y enfrentó cargos por robo agravado con un arma mortal.

**Martin**[10] en 2013, evento que les dio a los revolucionarios la oportunidad de crear el movimiento **BLM** llamando muy poco la atención.

Países del mundo clasificados de acuerdo a la diversidad de su gente

POCA DIVERSIDAD                MUCHA DIVERSIDAD

---

[10] El profesor **Alan Dershowitz** criticó la declaración jurada de causa probable contra Zimmerman como "*tan floja que no impresionará al juez*", calificándola de "*irresponsable y poco ética,*" y opinó que los cargos fueron motivados por el deseo del fiscal Corey de ser reelegido. El presentador de Fox News, **Geraldo Rivera**, afirmó que la "*ropa de estilo gangster de Martín fue tan responsable de la muerte de Trayvon Martin como lo fue George Zimmerman,*" y agregó: "*Insto a los padres de jóvenes negros y latinos en particular a que no dejen que sus hijos salgan usando sudaderas con capucha.*" Durante el juicio, el abogado defensor **Don West** insinuó que el lenguaje que Martin supuestamente había usado era evidencia de que Martin había introducido el tema de la raza en la confrontación. La testigo 8 del Estado, **Rachel Jeantel**, testificó que Martin, durante su conversación telefónica con ella justo antes del tiroteo, se había referido a Zimmerman como un "*cracker espeluznante.*"

# Una plaga de personas sin hogar, vandalismo, y saqueos está sobre nosotros

Sobre personas que no tienen un hogar donde residir:

Nunca en la historia de los Estados Unidos ha habido tantas personas viviendo en tiendas de campaña improvisadas en las aceras de las ciudades, los parques públicos, o al aire libre. La mayoría de las familias y los jóvenes sin hogar no están en refugios, no están fijos en las calles, van de un lugar a otro. Identificarlos es muy importante porque si no se sabe quién está sin hogar, no se puede tratar de que tengan los recursos que necesitan.

El *Departamento de Vivienda y Desarrollo Urbano* (**HUD**) tiene la más estrecha de todas definiciones de las agencias federales. Sólo incluye como personas sin hogar a aquellas que viven en refugios, viviendas de transición o en las calles u otros lugares al aire libre. No incluye a las personas que se mueven de un lado a otro, o pagan para quedarse unas horas en moteles o invaden un edificio vacío. En esos casos, no se es elegible para ninguna asistencia de vivienda por parte de **HUD**, aunque sería elegible para los programas para personas sin hogar del Departamento de Educación.

Esa estrechez de la definición y los requisitos de elegibilidad realmente excluyen a muchos niños, jóvenes y familias que se encuentran sin hogar, y está simplemente enfocada a adultos solteros crónicamente sin hogar.

En 2019-2020, el Departamento de Educación identificó 1.28 millones de estudiantes sin hogar. Mientras que HUD identificó a 106,364 niños menores de 18 años y 45,243 adultos jóvenes, de 18 a 24 años. Lamentablemente el conteo de **HUD** se considera *"oficial"* de personas sin hogar, y es lo que usa el Congreso para tomar decisiones sobre la financiación y la regulación de políticas para personas sin hogar en los Estados Unidos.

También sabemos que la falta de un certificado de haber terminado la Escuela Secundaria o completar el *General Educational Development test* (**GED)**, es el factor de riesgo más grande asociado con continuar sin hogar como adulto.

Muchos niños y jóvenes sin hogar tratan de no ser detectados por el sistema debido al estigma detrás de la falta de vivienda. En otras palabras, las estadísticas sobre *falta de hogar* es muy precaria comparada con la realidad en los Estados Unidos.

## Sobre el creciente vandalismo:

Vandalismo es toda acción que implica la destrucción o daño deliberado de la propiedad pública o privada, e incluye daños a la propiedad, como graffiti y desfiguración dirigida a cualquier propiedad sin el permiso del propietario. El término tiene sus raíces en una visión de la Ilustración de que los Vándalos germánicos eran un pueblo excepcionalmente destructivo.

Los ejemplos de vandalismo incluyen estropear el césped, cortar árboles sin permiso, arrojar huevos, romper ventanas, provocar un incendio, rociar pintura en las propiedades de otros, etiquetar, poner pegamento en las cerraduras, cortar neumáticos, raspar o rayar la pintura de casas o automóviles, saquear una propiedad, inundar una casa obstruyendo un fregadero y dejando correr el agua, y arrancando plantas de raíz sin permiso.

Además, los vándalos activistas pueden utilizar la táctica de destrucción de propiedad como medio de protesta, ya sea rompiendo las ventanas de bancos, tiendas e instituciones gubernamentales e incendiando automóviles. De acuerdo al propósito final pueden clasificarse varios tipos de Vandalismo. El Vandalismo *adquisitivo* (saqueos y hurtos), el Vandalismo por *presión de los compañeros*, el Vandalismo *táctico* (como romper una ventana para ser arrestado y conseguir una cama para pasar la noche en una celda de la policía), el Vandalismo *ideológico* (para promover una causa ideológica explícita o transmitir un mensaje), el Vandalismo *vengativo* (para pasarle la cuenta a un enemigo), el Vandalismo por *diversión* (para disfrutar un buen rato), el Vandalismo *malicioso* (daño causado por una violenta efusión de frustración e ira en un lugar público), y el Vandalismo *celoso*, motivado por el estatus superior de otra persona.

### Sobre el saqueo o robo en grupo:

El saqueo es el acto de robar o tomar bienes por la fuerza, generalmente en medio de una crisis militar, política o social, como durante una guerra, o en medio de desastres naturales (cuando la ley y la aplicación civil son temporalmente ineficaces), o aprovechándose de un disturbio. El producto de un saqueo (o pillaje) suele describirse como el botín.

El saqueo, también conocido como despojo o pillaje, es una "toma indiscriminada de bienes por la fuerza," y puede ser parte de una victoria militar o política, o llevarse a cabo durante una catástrofe, como una guerra, un desastre natural o un motín. El término también se usa en un sentido más amplio, para describir casos atroces de robo y malversación de fondos, como el "saqueo" de bienes privados o públicos por parte de autoridades corruptas o codiciosas.

El saqueo se distingue claramente del concepto de "*recolección*." La recolección implica una toma de elementos esenciales como alimentos, agua, y materiales necesarios para la supervivencia, mientras que el "*saqueo*" implica artículos de lujo o no necesarios para la supervivencia, como obras de arte, dinero, ropa, joyas, metales preciosos u otros objetos de valor, pero no esenciales para vivir. Durante los conflictos, el saqueo está prohibido por el derecho internacional y constituye un crimen de guerra.

Las tiendas de lujo, específicamente en las áreas ricas como Beverly Hills en California y SoHo en New York, están siendo "*saqueadas*" con frecuencia desde hace unos años. El saqueo en esos casos va siempre acompañado de "*destrozos*," por la rapidez necesaria para evadir la intervención de las autoridades de orden público.

En **SoHo** y en **Beverly Hills**, dos de los barrios más caros de los Estados Unidos, muchas tiendas de lujo necesitan estar tapiadas para evitar costosos saqueos. Los grandes almacenes populares como **Target**, y las pequeñas empresas y las tiendas familiares también están siendo blanco de saqueadores. **Chanel**, **Nordstrom**, **Gucci, Saks, Neiman Marcus** y **Hermes** son algunos de los nombres más notables del mundo del lujo, y son los símbolos más reconocibles de riqueza y exclusividad. Son claramente las tiendas más "*rentables*" que rinden más beneficios al frenético "*trabajo*" de los saqueadores. El costo final, sin embargo, lo pagan los ciudadanos al convertirse las ciudades en lugares peligrosos de los que huyen los comerciantes legítimos, grandes y pequeños, que dan prestigio y ofrecen valiosos servicios a los residentes.

**DIOS SALVE AMÉRICA**

## Apéndices

1- GEORGE ORWELL 1984          85
2- INSTITUTOS CONFUCIO         88
3 –IZQQUIERDAS Y RACISMO       91
4- IGUALDAD DE JUSTICIA        96
5- SOBRE LA PRENSA             98
6- DISTURBIOS Y BLM           100
7- CASOS DE CORRUPCION        104
8- LA FRONTERA CON MEXICO     117
9- DECADENCIA                 120

# Apéndice 1

# La historia y las lecciones de George Orwell en su libro 1984

**1984** es una novela política de ficción distópica, escrita por **George Orwell** entre 1947 y 1948; la profética antiutopía más célebre de todas cuantas fueron escritas durante la primera mitad del siglo XX. En ella, Orwell presenta un futuro en el que una dictadura totalitaria interfiere hasta tal punto en la vida privada de los ciudadanos que resulta imposible escapar a su control.

En **1984**, George Orwell advierte sobre el totalitarismo global, un mundo dirigido por unas pocas personas que Orwell llama "*el Partido*." Básicamente, el libro logra predecir lo que está sucediendo en el mundo desde finales del siglo XX. "el Partido" es el nuevo orden mundial.

**1948** describe sobre cómo "el Partido" usa noticias falsas para controlar los acontecimientos, e incluye un "gran hermano" observando y controlando cada movimiento de los ciudadanos, incluso en sus propios hogares. La genialidad del libro incluye detalles aun no existentes, una moneda digital y sistemas de crédito social.

George Orwell

Rockwell escribe sobre gobiernos que usan "*revoluciones falsas*" para asustar e intimidar a la gente y que crean que la vida bajo un dictador Marxista (Comunista), donde te vigilan constantemente y te dan propaganda, no sería realmente tan mala, a pesar de los disturbios a que someten al pueblo, en pronóstico genial de lo que años más tarde han sido las confrontaciones del siglo XXI como **Antifa**, **BLM**, **CRT** y otras.

**1948** relata cómo "el Partido" divide a las personas y les lava el cerebro hasta el punto de que creen mentiras y se vuelven contra sus propias familias y amigos solo para salvarse. Relata como "el Partido" reescribe el pasado y borra toda evidencia pasada, utilizando nuevos "libros de texto" para adoctrinar a futuras generaciones en sus mentiras. En esas descripciones, Orwell anticipa la destrucción de monumentos y estatuas, la eliminación de libros en las bibliotecas, y la censura a las personas en todas las plataformas de redes sociales, justificándolo como una necesaria e indispensable "protección."

Según George Orwell...

«*Desde muy joven me había dado cuenta de que ningún acontecimiento se relataba correctamente en un periódico, pero en España, por primera vez, vi reportajes periodísticos que no guardaban ninguna relación con los hechos; vi grandes batallas reportadas donde no hubo combates, y un completo silencio donde cientos de hombres habían sido asesinados. Vi a tropas que habían luchado valientemente denunciadas como cobardes y traidoras, y a otras que nunca habían visto disparar un tiro aclamadas como héroes de victorias imaginarias, y vi periódicos en Londres que detallaban estas mentiras e intelectuales entusiastas que construían superestructuras emocionales sobre eventos que nunca habían ocurrido.*

*Vi, de hecho, que la historia no se escribía en términos de lo que sucedió, sino de lo que debería haber sucedido de acuerdo con las líneas partidarias de los escritores.*»

**George Orwell** luchó en la Guerra Civil Española (1936-1939), en la cual recibió un disparo en la garganta. Trabajó como oficial de policía en la India y escribió para la **BBC** y el **Tribune** en Londres. Supo todo sobre noticias falsas, las vio en todo el mundo. Si estuviera escribiendo sobre los hechos en inicios del siglo XXI, nos diría que una *prensa falsa y artificiosa* miente abiertamente, ya sea sobre la *criminalidad del presidente Trump*, las *elecciones de 2020*, la *guerra en Ucrania*, los *disturbios incruentos*, el *privilegio de los bancos*, la *opresión que sufren las personas de color*, el *racismo policíaco*, y cualquier otro evento importante, tal como lo hicieron en ese entonces.

Algunas de las citas más famosas de Orwell en sus escritos:

*"Quien controla el pasado controla el futuro. Quien controla el presente controla el pasado."*

*"el Partido" busca el poder enteramente por sí mismo. No está interesados en el bien de los demás; únicamente le interesa el poder, puro poder."*

*"Al final "el Partido" anuncia que dos y dos eran cinco, y había que creerlo."*

*"Y cuando la memoria falló y los registros escritos fueron falsificados, la afirmación de que "el Partido" había mejorado las condiciones de la vida humana tuvo que ser aceptada."*

*"Piensas que no hay otra manera de salvarte y estás listo para salvarte de esa manera. Quieres que le pase a la otra persona. Te importa un carajo lo que sufra. Todo lo que te importa eres tú mismo."*

*"No se establece una dictadura para salvaguardar una revolución, se hace la revolución para establecer la dictadura."*

*"Si la libertad significa algo, significa el derecho a decirle a la gente lo que no quiere escuchar."*

*"El poder está en hacer pedazos las mentes humanas y unirlas de nuevo en nuevas formas de tu propia elección."*

*"El pasado fue borrado, el haberlo borrado fue olvidado, la mentira se convirtió en verdad. Había verdad y había mentira, y si te aferrabas a la verdad incluso contra el mundo entero, no estabas loco."*

*"Sabemos que nadie toma el poder con la intención de renunciar a él."*

*"Las masas nunca se rebelan por su propia voluntad, y nunca se rebelan simplemente porque están oprimidas. De hecho, mientras no se les permita tener estándares de comparación, nunca se darán cuenta de que están oprimidos."*

Si Orwell estuviera escribiendo en la América del siglo XXI, es casi seguro que diría:

«**Big Tech** y los medios de **noticias fabricadas** están controlados por seis grandes corporaciones y financiados por dos importantes fondos económicos: BlackRock y Vanguard. La ciudadanía obtiene las noticias, las interpretaciones, y los puntos de conversación desde las mismas fuentes. ¡No necesariamente están de nuestro lado!

Ahora hay que hacerse la pregunta más importante: de todo lo que se le han enseñado, en la escuela, en las noticias, en la enciclopedia o en línea, ¿Cuál es realmente la verdad? ¿Se sabe? ¿O simplemente uno cree que lo sabe porque lo escuchó en las noticias, o lo vio en Internet o la Tele, o lo escuchó de sus amistades?

El 80% de lo que crees que es verdad, no lo es. El 90% de los titulares que lees son falsos o tergiversados. Cada vez haces una búsqueda en la Internet, ten presente que dejan de lado los hallazgos más importantes. A propósito, incluso Fox News está medio controlada.

Cuestiona todo. Investiga todo. Analiza todos los detalles y usa sentido común: confía en tu instinto y pídele ayuda a Dios para descifrar lo que está ocurriendo. Esa es la mejor herramienta, la más importante para llegar a la verdad. Se lo debes a los que nos precedieron y vendrán después de nosotros.»

# Apéndice 2
# Los Institutos Confucio

Los **Institutos Confucio** (孔子学院 *Kŏngzĭ Xuéyuàn*) son instituciones públicas sin fines de lucro afiliadas al Ministerio de Educación de la República Popular China (CCP) cuyo objetivo declarado es promover el idioma y la cultura Chinos, apoyar la enseñanza del Chino local a nivel internacional, y facilitar los intercambios culturales.

El programa del *Instituto Confucio* comenzó en 2004 y contó con el apoyo de **Hanban**, un organismo afiliado al Ministerio de Educación de China (oficialmente, la *Oficina del Consejo Internacional del Idioma Chino*, que cambió su nombre a *Centro para la Educación y Cooperación de Idiomas* en 2020), supervisado por universidades individuales. Los Institutos operan en cooperación con Colegios y Universidades afiliados locales de todo el mundo, y la financiación se comparte entre *Hanban* y las instituciones anfitrionas. Un programa similar relacionado, **Aula Confucio** se asocia con Escuelas Secundarias locales o Distritos Escolares para proporcionar maestros y materiales didácticos.

Funcionarios de China han comparado los **Institutos Confucio** con organizaciones de promoción de la lengua y la cultura como el *Instituto Camões* de Portugal, el *British Council* de Gran Bretaña, la *Alliance Française* de Francia, la *Società Dante Alighieri* de Italia, el *Instituto Cervantes* de España y el *Goethe-Institut* de Alemania, todos los cuales llevan el nombre de una figura cultural icónica, tal y como *Confucio* se identifica con *China*. Algunos comentaristas argumentan que, a diferencia de estas organizaciones, muchos *Institutos Confucio* operan directamente en los Recintos Universitarios, lo que genera que se vea como preocupaciones únicas relacionadas con la libertad académica y la influencia política.

**Kong Qiu** (Confucio)

Los *Institutos Confucio (ICs)* han sido acusados de ser utilizados como una forma de "*poder blando*" por el gobierno Chino, que gasta aproximadamente US$10 Billones al año en ICs y programas relacionados para ejercer estas iniciativas. El Secretario General del Partido Comunista Chino (CCP en Inglés), **Xi Jinping**, declaró en 2013 que las intenciones son "*dar una buena narrativa China*". Al estar afiliado al Ministerio de Educación de China, los ICs han recibido un creciente escepticismo por la censura del contenido que se enseña; son ignorados, por ejemplo, los temas relacionados con las libertades individuales y la democracia, las protestas de la Plaza de Tiananmen, Taiwán, el Tíbet y Xinjiang.

El primer Instituto Confucio abrió el 21 de Noviembre de 2004 en Seúl, Corea del Sur, luego de haberse establecido un instituto piloto en Tashkent, Uzbekistán en Junio de 2004. El IC en Corea del Sur ya no está activo. El segundo Instituto Confucio se inauguró en el campus de la Universidad de Maryland, College Park, también en Noviembre de 2004. En 2006, se estableció la meta de 1,000 *Institutos Confucio* para 2020, lo cual no ha sido fácil de lograr. Cientos se han abierto, sin embargo, en docenas de países de todo el mundo. Todos los países de la Cooperación entre China y Europa Central y Oriental (China-CEE) albergan al menos un *Instituto Confucio*, y algunos (Serbia, Bosnia y Herzegovina, Hungría y Rumania) albergan varios de ellos.

En Abril de 2007, se inauguró el primer *Instituto Confucio* basado en investigaciones en la Universidad de Waseda en Japón. En asociación con la Universidad de Pekín, el programa promueve actividades de investigación de estudiantes de posgrado que estudian Chino. En 2007, el Ministerio de Educación de China estimó que 100 millones de personas en el extranjero estarían aprendiendo Chino para 2020. Hasta el momento, la mayor concentración de Institutos se encuentra en Estados Unidos, Japón y Corea del Sur.

Entre 2006 y 2019, el gobierno Chino gastó más de $150 millones en los *Institutos Confucio* de los Estados Unidos. La cantidad de Institutos en el país alcanzó su punto máximo en 2018, alrededor de 100, con un total en todo el mundo en 2023 de alrededor de 615 *Institutos Confucio* en docenas de países en seis continentes.

El célebre filósofo Chino **Confucio** (551–479 AC), fue criticado severamente por los Comunistas Chinos por ser la personificación de las tradiciones "*feudales*" de China, siendo despreciado por sus valores patriarcales, jerárquicos y conservadores. En

**Institutos Confucio** en los Estados Unidos

1973, tras la Revolución Cultural, sin embargo, Confucio fue rehabilitado y se produjo un resurgimiento en su popularidad, pero sin superar la de Mao Zedong. Ciertamente, China habría avanzado poco si hubiera nombrado los institutos como *Instituto Mao*, o *Instituto Deng Xiaoping*, y mucho menos como *Instituto Marx*

El propósito declarado de los Institutos Confucio (IC) es promover y enseñar la cultura y el idioma Chino alrededor del mundo, y capacitar a maestros de Chino, respondiendo al aumento repentino del interés por el idioma Chino en todo el mundo. En 2020, había 200 maestros patrocinados por los Institutos Confucio trabajando en los Estados Unidos en escuelas y academias.

El Instituto Confucio reconoce tener objetivos no académicos. *Li Changchun*, exmiembro del Comité Permanente del Politburó del Partido Comunista Chino, declaró en 2017 que los Institutos Confucio eran "*una parte importante de la configuración de la propaganda en el extranjero de China.*" No es fácil distinguir si los Institutos...

> «...*expanden el alcance económico, cultural y diplomático de China a través de la promoción del idioma y la cultura chinos, y mitigan las preocupaciones de una "amenaza de China" en el contexto de la economía y el ejército cada vez más poderosos del país...* »

O, simplemente, el papel principal es[11]...

> «*la recopilación de inteligencia....*»

---

[11] Varias Universidades han encontrado recientemente "*una cierta prevalencia de autocensura con respecto a China.*" El *Centro Global de la Universidad de Columbia en Beijing*, recientemente canceló ciertos cursos y programas de estudio "*por temor a que molestara a los funcionarios chinos,*" North Carolina ha cancelado una visita del *Dalai Lama*, el venerado líder religioso del Tíbet, "*por temor de ofender a la China.*" Es evidente que para muchos académicos que los *Institutos Confucio* pueden ser el equivalente moderno del caballo de Troya, el regalo de los Griegos a los Troyanos que les permitió conquistar la ciudad.

# Apéndice 3
# La visión de las Izquierdas Americanas sobre racismo

En 1966, Estados Unidos firmó la **Convención Internacional sobre la Eliminación de Todas las Formas de Discriminación Racial** ("**ICERD**" en Inglés), La administración del presidente *Lyndon Johnson* señaló en ese momento que Estados Unidos "*no siempre ha estado a la altura de su patrimonio constitucional de igualdad para todos*" pero que estaba "*en marcha*" hacia su cumplimiento. Estados Unidos finalmente ratificó la Convención en 1994, e informó por primera vez sobre su progreso en la implementación de la Convención **ICERD** en 2000.

En su informe de 2000, Estados Unidos declaró que la "*discriminación manifiesta es menos generalizada que hace treinta años*", pero admitió que continuaba debido a "*formas sutiles de discriminación que persistían en la sociedad Estadounidense.*" Las formas de discriminación denunciadas a las Naciones Unidas por los Estados Unidos incluían...

«...la aplicación inadecuada de las leyes existentes contra la discriminación, el uso y difusión ineficaz de los datos, la desventaja económica experimentada por grupos minoritarios, la persistente discriminación en el empleo y las relaciones laborales, y la segregación y discriminación en la vivienda que conduce a la disminución de las oportunidades educativas para las minorías, la falta de igualdad de acceso al capital, los mercados crediticios y la tecnología, la discriminación en el sistema legal penal, la falta de acceso adecuado a seguro médico y atención médica, y la discriminación contra los inmigrantes, entre otros efectos nocivos. Estados Unidos también señaló que el mayor impacto del racismo era sobre las mujeres y los niños.»

A continuación se presenta un resumen de las recomendaciones de tres organizaciones de la izquierda Americana con relación a las evaluaciones y reportes recientes de **ICERD**. Estas tres organizaciones son la *Open Society Foundation* (**OSF**), *Human Rights Watch* (**HRW**) y la *American Civil Liber-*

*ties Union* (**ACLU**). Las tres, especialmente la *OSF*, reciben generosas contribuciones de **George Soros;** *OSF*: 100%, *HRW*: 31%, *ACLU*: 18%.

## Recomendaciones de la ICERD, HRD y la ACLU:

### Tema: Justicia reparadora por el legado de la esclavitud.

1. Establecer una comisión federal por acto legislativo u orden ejecutivo para estudiar y desarrollar propuestas de reparación para los descendientes de personas esclavizadas.

2. Recursos apropiados y efectivos para los programas federales económicos y de derechos civiles para abordar el racismo estructural a largo plazo y brindar asistencia a las comunidades negras de bajos ingresos y riqueza.

### Tema: Discriminación Racial en el Sistema Jurídico Penal

1. Reducir el papel de la policía para abordar los problemas sociales (incluida la falta de vivienda, la salud mental y la pobreza) e invertir en cambio en soluciones no carcelarias basadas en la comunidad para tales problemas sociales.

2. Abolir la pena de muerte y considerar la eliminación de la cadena perpetua y la cadena perpetua virtual; Eliminar las mejoras de sentencia y los requisitos de tiempo mínimo cumplido; Y ampliar el acceso a los mecanismos de liberación anticipada, como los créditos por buen tiempo, la libertad condicional y el indulto. Estos cambios legales deben extenderse a los delitos tipificados como violentos y aplicarse retroactivamente.

3. Invertir en programas de prevención del delito y alternativas al encarcelamiento, incluidos los servicios de intervención de crisis basados en la comunidad que estén informados sobre el trauma, sean culturalmente competentes y no excluyan los delitos clasificados como violentos.

4. Registrar, mantener, rastrear y divulgar públicamente datos sobre condenas, sentencias y encarcelamiento, incluida la demografía racial y étnica.

### Tema: Juventud/Justicia Juvenil

1. Brindar servicios de apoyo e inversión en programas para jóvenes, educación y atención de salud mental centrados en los niños e informados sobre el trauma.

2. Abstenerse de enjuiciar a los niños en un tribunal de adultos, utilizando el encarcelamiento como último recurso después de que se hayan probado otras intervenciones, y en su lugar, tratarlos como niños, centrándose en las oportunidades de educación, curación y desarrollo saludable en lugar del castigo.

### Tema: Criminalización de la pobreza: personas sin hogar, fianzas, multas y tarifas

1. Dejar de criminalizar la falta de vivienda y sus consecuencias inevitables, lo que solo sirve para penalizar aún más a las personas desfavorecidas que ya sufren por la asignación inadecuada de recursos gubernamentales.

2. Reducir las circunstancias en las que los tribunales pueden ordenar la prisión preventiva, mediante la fijación de una fianza u otros medios, solo a aquellas en las que exista una fuerte evidencia de daño inminente si una persona es liberada antes del juicio, y solo después de una audiencia rigurosa para evaluar eso. evidencia.

3. Invertir en programas de servicios previos al juicio que brinden recordatorios de la fecha del juicio, transporte y otro tipo de apoyo para garantizar las comparecencias ante el tribunal.

4. Reducir drásticamente el número y monto de multas y cargos en el sistema legal penal de los Estados Unidos. Además, establecer estándares nacionales para la deuda del sistema legal penal, incluidas las pautas sobre las determinaciones de la capacidad de pago y las prácticas de cobro.

### Tema: Libertad condicional y bajo palabra

1. Reducir drásticamente el uso de sentencias de supervisión para jóvenes y adultos y, en su lugar, utilizar alternativas reales al encarcelamiento.

2. Cuando se utilice la supervisión, acortar los períodos de supervisión, adaptar las condiciones de manera estricta y dejar de encarcelar a las personas por violaciones que de otro modo no serían un delito.

### Tema: **Criminalización de la pobreza; personas sin hogar, fianzas, multas y tarifas**

1. Dejar de criminalizar la falta de vivienda y sus consecuencias inevitables, lo que solo sirve para penalizar aún más a las personas desfavorecidas que ya sufren por la asignación inadecuada de recursos gubernamentales.

2. Reducir las circunstancias en las que los tribunales pueden ordenar la prisión preventiva, mediante la fijación de una fianza u otros medios, solo a aquellas en las que exista una fuerte evidencia de daño inminente si una persona es liberada antes del juicio, y solo después de una audiencia rigurosa para evaluar eso. evidencia.

3. Invertir en programas de servicios previos al juicio que brinden recordatorios de la fecha del juicio, transporte y otro tipo de apoyo para garantizar las comparecencias ante el tribunal.

4. Reducir drásticamente el número y monto de multas y cargos en el sistema legal penal de los Estados Unidos. Además, establecer estándares nacionales para la deuda del sistema legal penal, incluidas las pautas sobre las determinaciones de la capacidad de pago y las prácticas de cobro.

### Tema: **Libertad condicional y bajo palabra**

1. Reducir drásticamente el uso de sentencias de supervisión para jóvenes y adultos y, en su lugar, utilizar alternativas reales al encarcelamiento.

2. Cuando se utilice la supervisión, acortar los períodos de supervisión, adaptar las condiciones de manera estricta y dejar de encarcelar a las personas por violaciones que de otro modo no serían un delito.

### Tema: **Sesgo racial y abuso por parte de las fuerzas del orden público en el control de la inmigración**

1. Las autoridades federales, estatales y locales deben reducir su dependencia de las agencias policiales y, en cambio, adoptar un enfoque humanitario para la recepción y regulación fronteriza, asegurando, por ejemplo, la primacía de la dignidad humana, el debido proceso, la unidad familiar, la no discriminación y el derecho a pedir asilo.

2. Estados Unidos debe revisar, investigar y remediar de inmediato todas las denuncias internas y externas de abuso por parte de funcionarios del gobierno en la frontera o en un centro de detención de inmigrantes e iniciar una investigación de un patrón y práctica de violaciones de derechos por parte de CBP. Además, el gobierno de Estados Unidos debe poner fin de inmediato a la detención de inmigrantes que sea innecesaria o prolongada con el objetivo de abolir gradualmente la detención de inmigrantes y debe cerrar cualquier centro de detención de inmigrantes en el que se cometan abusos persistentes.

3. Estados Unidos Debe poner fin a los programas de inmigración que facilitan la discriminación racial, incluidos los programas 287 (g), Operación Stonegarden y Comunidades Seguras.

### Tema: **Discriminación Racial en la Regulación y Aplicación de las Leyes de Migración y Refugio**

1. Realizar una revisión exhaustiva de todas las leyes de inmigración vigentes para determinar las motivaciones o efectos raciales o discriminatorios. Derogar o reformar las leyes de inmigración promulgadas para provocar animosidad racial o aquellas que tengan un impacto racialmente discriminatorio.

2. Establecer un mecanismo que otorgue una reparación íntegra y efectiva, proporcional a la gravedad de la violación y al daño sufrido, a quienes hayan sido objeto de expulsión discriminatoria, separación familiar, procesamiento y encarcelamiento, detención arbitraria, detención en condiciones inhumanas u otras violaciones de derechos. como resultado del impacto racialmente discriminatorio de las leyes de inmigración de los Estados Unidos.

### Tema: **Restricciones de entrada y acceso al territorio**

1. Garantizar el acceso no discriminatorio al territorio de los Estados Unidos y a los procedimientos de determinación del estatus individual dirigidos por funcionarios de los Estados Unidos con

capacitación en trauma en la ley de asilo de los Estados Unidos y cuya misión es humanitaria y no centrada en la seguridad fronteriza.

2. Derogar y sustituir órdenes, estatutos y reglamentos que hayan sido utilizados para excluir y/o expulsar a personas migrantes y solicitantes de asilo de manera discriminatoria.

3. Rastrear y reportar públicamente datos que demuestren el efecto de las políticas fronterizas por raza y etnia.

### Tema: **Control fronterizo, detención y concesión de beneficios migratorios**

1. Revisar la guía sobre el uso de perfiles raciales por parte de las fuerzas del orden público federales para eliminar las lagunas fronterizas y de seguridad nacional existentes y prohibir la discriminación basada en la raza, el origen étnico, la religión, la nacionalidad y el dominio del inglés reales o percibidos.

2. Abolir gradualmente la detención de inmigrantes.

3. Derogar las leyes que ordenan la detención e invertir en servicios sociales basados en la comunidad como alternativas a la detención sin promover la vigilancia de los inmigrantes como alternativa a la detención.

4. Establecer, por ley o reglamento, estándares mínimos vinculantes para las condiciones de detención.

5. Establecer, por ley o reglamento, el acceso a un abogado proporcionado por el gobierno para todos los migrantes en procedimientos relacionados con su condición de migrante, y garantizar el acceso oportuno y confidencial a conferencias en persona, por teléfono y por video, así como a correo legal en detención.

6. Rastrear y reportar públicamente datos que demuestren el efecto de las políticas de aplicación y beneficios de inmigración por raza, etnia y otras bases desagregadas.

7. Priorizar y facilitar las visitas a los países del Relator Especial de la ONU sobre los derechos humanos de los migrantes y proporcionar acceso sin obstáculos a todos los lugares de detención.

### Tema: **Acciones de los Gobiernos Estatales y Locales**

1. Ampliar la investigación federal sobre el trato discriminatorio de los no ciudadanos bajo la Operación *Lone Star* para abarcar la nueva EO de Texas que autoriza a los agentes del orden público estatales a identificar, arrestar y detener a los presuntos migrantes y transportarlos a la frontera entre Estados Unidos y México.

2. Emitir orientación del DHS a sus componentes afirmando una política de no cooperación entre el DHS y el programa de detención de traspaso de propiedad de Operation Lone Star.

3. Tomar todas las medidas, incluido el litigio, para obligar a Texas a poner fin a la Operación Lone Star y otros abusos discriminatorios de los migrantes.

4. Poner fin de inmediato a los fondos federales para las agencias y condados involucrados en la abusiva iniciativa fronteriza *Operación Lone Star*, incluso cuando el Departamento de Justicia realiza una investigación sobre la operación.

### Tema: **Discriminación Racial en Servicios Públicos, Salud Pública y Protección Social**

1. Mejorar la asequibilidad y disponibilidad del seguro de salud para personas de bajos y medianos ingresos. En particular, considere la legislación para ampliar la cobertura de los programas de protección social existentes como Medicaid y Medicare. En ausencia de dicha legislación, el Congreso debe tomar las medidas correctivas apropiadas a corto plazo.

2. Apoyar a los trabajadores de la salud y los enfoques comunitarios para la atención de la salud reproductiva que aborden el acceso a la atención médica y los determinantes sociales de la salud.

3. Establecer políticas de inclusión que: apoyen la diversidad lingüística y racial, incluso en clínicas de salud calificadas por el gobierno federal; Y reconocer, confrontar y buscar remediar las experiencias históricas y actuales de discriminación racial en la salud pública, incluso mediante la creación de un mecanismo de denuncia oficial, confidencial y accesible para los pacientes que utilizan establecimientos de salud calificados a nivel federal.

### Tema: Red de Seguridad Social Inadecuada

1. Aumentar los niveles de beneficios para los programas de asistencia social y seguro social, incluida la asistencia en efectivo o en especie, incluidos los créditos fiscales relevantes como el Crédito Tributario por Ingreso del Trabajo y el Crédito Tributario por Hijos, para garantizar la adecuación de los beneficios, y considerar la adopción de un programa universal de seguridad de ingresos, como una renta básica universal.

2. Crear estándares federales que optimicen la elegibilidad para programas de redes de seguridad. Cuando los programas existentes de asistencia social y seguro con verificación de recursos no se amplíen universalmente, mejorar sus requisitos de elegibilidad y accesibilidad. Los programas con verificación de recursos no deben incluir requisitos de elegibilidad que puedan excluir injustamente a los necesitados, como pruebas estrictas de activos o ciertos requisitos de comportamiento como pruebas de drogas o requisitos laborales.

3. Revisar y enmendar los modelos actuales utilizados para crear las Directrices Federales de Pobreza anuales para garantizar que estén capturando de manera efectiva a las poblaciones que enfrentan la pobreza.

4. Eliminar todos los criterios de elegibilidad para los beneficios de los programas de protección social vinculados al estatus migratorio o antecedentes penales.

5. Desistir de utilizar indicadores de pobreza como base para la remoción de niños, la separación familiar prolongada y la terminación de la patria potestad.

6. Crear un sistema financiado por el gobierno federal para licencias familiares y médicas pagadas.

7. Hacer cumplir el Título VI de la Ley de Derechos Civiles contra las agencias que no brindan Acceder a servicios lingüísticos o discriminar en la prestación de beneficios a las minorías

### Tema: Política educativa de Estados Unidos

1. Invertir en escuelas con fondos insuficientes para igualar el financiamiento de las escuelas públicas en los Estados Unidos y continuar brindando mayores beneficios de nutrición suplementaria para familias con niños durante los meses de verano cuando no hay comidas escolares gratuitas o de precio reducido disponibles.

2. Ampliar el acceso a una educación preescolar gratuita y de calidad.

3. Ampliar los beneficios de las **Becas Pell** para estudiantes de educación terciaria de bajos y medianos ingresos.

4. Adoptar una norma nacional federal que ordene la enseñanza de la colonización, incluidos el desplazamiento forzado, el despojo y las matanzas masivas de pueblos indígenas; La historia de la esclavitud, las leyes de Jim Crow, los linchamientos, los red-lining y la segregación; Movimientos de derechos civiles; Y otros movimientos de derechos civiles y laborales de justicia racial.

5. El Departamento de Justicia y el Departamento de Educación deben hacer cumplir el Título VI y los estatutos pertinentes para garantizar la no discriminación en la implementación de dicho estándar nacional y, en particular, prohibir que los distritos escolares o los estados prohíban la Teoría Crítica de la Raza o que enseñen sobre otras formas de la discriminación racial.

**DIOS SALVE AMÉRICA**

# Apéndice 4
# Igualdad de Justicia ante la ley

Las palabras "*Igualdad de justicia ante la ley*" parafrasean una expresión anterior acuñada en 1891 por la Corte Suprema. En el caso de *Caldwell v. Texas*, el Presidente del Tribunal Supremo **Melville Fuller** escribió, en nombre de un Tribunal unánime, lo siguiente:

> «*Con respecto a la Decimocuarta Enmienda, las facultades de los Estados para hacer frente a la delincuencia dentro de sus fronteras no están limitadas, pero ningún Estado puede privar a determinadas personas o clases de personas de una justicia igual e imparcial ante la ley.*»

Pedimento o Frontón del edificio de la Corte Suprema de los Estados Unidos en Washington, DC.

Estas últimas ocho palabras se resumen en la inscripción del edificio de la Corte Suprema de los Estados Unidos.

En los años transcurridos desde que se mudaron a su edificio actual, la Corte Suprema a menudo ha relacionado las palabras "*igualdad de justicia ante la ley*" con la Decimocuarta Enmienda.

> «*La Constitución creó un gobierno dedicado a la igualdad de justicia ante la ley. La Decimocuarta Enmienda incorporó y enfatizó ese ideal.*»

Las palabras "*igualdad de justicia ante la ley*" no están en la Constitución, que en cambio dice que ningún estado debe...

> «*... negar a cualquier persona dentro de su jurisdicción la igual protección de las leyes.*»

En el momento de la inauguración del nuevo edificio de la Corte Suprema en 1935, desde una perspectiva arquitectónica, la principal ventaja de la "*igualdad de justicia ante la ley*" era la brevedad. La Cláusula de Igual Protección no era lo suficientemente breve para caber en el frontón dado el tamaño de las letras que se utilizarían.

En realidad, "*igualdad de justicia ante la ley*", según la tradición, se dijo por primera vez durante una oración fúnebre que el líder ateniense **Pericles** pronunció en el 431 AC.

Hay varias versiones diferentes en inglés de las palabras reales en el pasaje relevante de la oración fúnebre de Pericles. El más aceptado fue presentado por Richard Crawley en 1874:

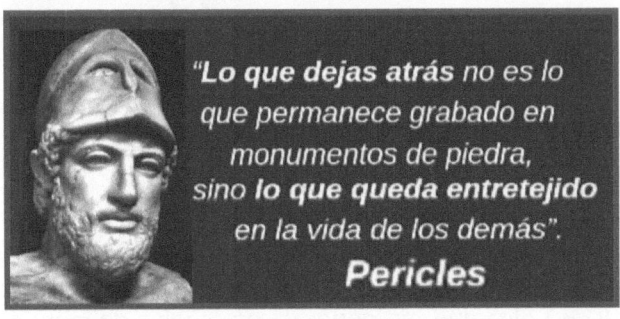

«Nuestra constitución no copia las leyes de los estados vecinos; somos más un modelo para los demás que imitadores de nosotros mismos. Su administración favorece a la mayoría en lugar de a la minoría; por eso se llama democracia. Si miramos a las leyes, otorgan igual justicia a todos en sus diferencias privadas; si no hay posición social, el avance en la vida pública recae en la reputación de capacidad, no permitiéndose que las consideraciones de clase interfieran con el mérito; ni tampoco la pobreza obstruye el camino, si un hombre es capaz de servir al estado, no se ve obstaculizado por la oscuridad de su condición.

Esa traducción al inglés también añadió...

«...la ley asegura la igualdad de justicia para todos por igual en sus disputas privadas. Existe igual justicia para todos y por igual en sus disputas privadas.»

La oración fúnebre de **Pericles** se publicó en la *Historia de la guerra del Peloponeso* de Tucídides, de la que hay varias otras traducciones al inglés.

Como se citó anteriormente, **Pericles** dijo que la riqueza o la prominencia de una persona no deben influir en su elegibilidad para un empleo público ni afectar la justicia que recibe. De manera similar, el presidente del Tribunal Supremo Fuller defendió la inscripción *"igualdad de justicia ante la ley"* refiriéndose al juramento judicial del cargo, que requiere que los jueces *"administren justicia sin respeto a las personas, y otorguen el mismo derecho a los pobres y a los ricos"*. Décadas más tarde, el juez de la Corte Suprema **Thurgood Marshall** planteó un punto similar:

«Los principios que habrían gobernado con $10,000 en juego, también deben regir cuando miles se han convertido en miles de millones. Esa es la esencia de la justicia igualitaria ante la ley.»

# Apéndice 5
# Opinión Americana sobre la prensa

En los Estados Unidos, el público siempre ha valorado las funciones fundamentales de la prensa como son dar noticias precisas y a tiempo y hacer responsables a los intereses poderosos por sus acciones. La gran mayoría de los Estadounidenses (81%) dice que, en general, los medios de comunicación son "*críticos*" (42%) o "*muy importantes*" (39%) para la democracia. Una gran mayoría dice que es "*crítico*" o "*muy importante*" que los medios de comunicación brinden informes de noticias precisos y justos (88%), aseguren que los ciudadanos estén informados sobre los asuntos públicos (88%) y responsabilicen a los líderes por sus decisiones. acciones (82%).

Más Estadounidenses dicen que los medios se están desempeñando mal en lugar de bien en el logro de estos objetivos. La mayoría de ellos ven "*mucho*" (46%) o "*una buena cantidad*" (37%) de parcialidad política en la cobertura de noticias, y ven esa parcialidad o prejuicio en su fuente principal de noticias. El 21% ve "mucha" parcialidad, y 36% ve "bastante" parcialidad en la fuente de noticias en la que confía con más frecuencia.

La prensa escrita, televisada y en Internet

Dada la opción, más Estadounidenses dicen que les preocupa el partidismo en las noticias que otras personas reciben (64%), los que dicen que les preocupa que sus propias noticias sean partidistas (34%).

El 68% de los encuestados dice que ve ese demasiado prejuicio en la información de noticias como "*un problema importante.*"

El público Americano percibe que las noticias inexactas son "*intencionales,*" ya sea porque el periodista tergiversa los hechos (52%) o los inventa por completo (28%).

Casi 3 de cada 4 Estadounidenses (74%) dicen que las organizaciones de noticias en las que desconfían están tratando de persuadir a las personas para que "*adopten*" un determinado punto de vista, y sólo el 16% dice que hacen un esfuerzo de informar las noticias de manera precisa y justa, "pero no pueden hacerlo."

El 9% dice que los medios en los que no confían están tratando de "*arruinar el país.*" Son de esa opinión el 20% de los Conservadores, y el 14% de los Republicanos en general.

Dos de cada tres Republicanos (67%) tienen una opinión "*muy*" o "*algo*" desfavorable de los medios de comunicación. Lo mismo el 20% de los Demócratas y el 48% de los Independientes.

Demócratas y Republicanos difieren bastante en sus opiniones de los medios de comunicación en cuanto a su veracidad y desempeño, esto es, informes objetivos de noticias, responsabilizar a los líderes políticos y empresariales por sus acciones, y ayudar a sus amistades a mantenerse informados sobre los asuntos actuales.

El 65% de los Estadounidenses, incluido un 57% de los Demócratas, dice que el número cada vez mayor de fuentes de noticias que informan desde un punto de vista particular es "un problema serio e importante". El 75% de los republicanos piensa lo mismo.

La mayoría de los Estadounidenses en general (77%) dice que los medios están siendo atacados políticamente, pero están divididos en cuanto a si esos ataques son "*merecidos* El 66% de los Demócratas piensa que la prensa está bajo ataque "*injustificadamente*," y el 58% de los Republicanos piensa que esos ataques están "*justificados*."

Las opiniones varían según la edad; las personas mayores generalmente son más favorables a la prensa que los más jóvenes. El 43% de los mayores de 65 años tienen opiniones "*muy*" o "*algo*" favorables de los medios; sólo el 20% de los menores de 30 años (20 %) coincide.

Una mayoría (75%) de Estadounidenses piensa que las organizaciones de noticias necesitan una mayor variedad de sus reporteros (en términos de raza y afiliación política), pero no creen que eso sea prioritario. Los Demócratas (47%) y las personas de color (56 %), dan prioridad a la diversidad racial/étnica en la contratación, mientras que los Republicanos (48 %) y las personas de raza Blanca (34%) son más propensos a priorizar la diversidad de opiniones políticas.

El 74% de los Estadounidenses piensan que la es "*un problema importante,*" que supera todos los demás desafíos que plantea el entorno de los medios. El 70% piensa que las principales empresas de Internet deben encontrar formas de excluir la información falsa u odiosa en línea.

En cuanto a estar informados, más del 60% piensa que es "*difícil*," y 38%, piensa que es fácil, dada la cantidad de fuentes de información.

# Apéndice 6
# Breves relatos de los disturbios ocasionados por BLM

Centenares de protestas estallaron en los Estados Unidos, de costa a costa y de norte a sur, en reacción a la muerte de **George Floyd**, un hombre Afroamericano que fue muerto durante su detención por un oficial de policía Blanco, frente a la estación de policía del quinto distrito el Sábado 30 de Mayo de 2020 en Minneapolis, Minnesota.

Desde entonces, numerosas ciudades de los Estados Unidos sufrieron disturbios y serios daños por las protestas y disturbios por la muerte de George Floyd

Las principales ciudades, desde Nueva York hasta Los Ángeles y desde Miami hasta Seattle, han visto una mezcla de pocas manifestaciones pacíficas y numerosos brotes violentos. Docenas de ciudades más pequeñas también fueron testigos de protestas y feroces disturbios.

Bajo un presidente de línea dura, los Estados lucharon incansablemente para contener la ira generalizada por la muerte, justificada o no, de varios Estadounidenses Negros en manos de agentes del orden.

Las ciudades que se convirtieron en focos de disturbios incluyen:

### Minneapolis

La intersección donde murió George Floyd se convirtió en una masa de flores y tributos escritos con tiza y cientos de personas marcharon alterada o pacíficamente en su nombre. También estallaron disturbios en las cercanías. La comisaría de policía de los agentes que detuvieron a Floyd ha sido incendiada.

Las multitudes que decidieron violar un toque de queda se encontraron con tropas estatales masivas que las abrumaron con gases lacrimógenos, mientras los manifestantes utilizaban bombas de destello y balas de goma. Muchos ciudadanos bloquearon y defendieron negocios contra saqueos e incendios provocados.

## Nueva York

Los manifestantes cruzaron el puente de Manhattan, que conecta el centro de Manhattan con Brooklyn, y miles marcharon durante el día en vecindarios desde Harlem y East Village hasta Flatbush y el centro de Brooklyn, exigiendo "*poner fin a la brutalidad policial.*" Meses después, aun se están investigando incidentes relacionados con *cócteles molotov* y *vehículos policiales* incendiados por los manifestantes.

## Los Ángeles

Una noche se declaró un estado de emergencia cuando dos días de discordia se intensificaron con saqueos y vandalismo. Las autoridades expresaron su apoyo a las protestas pacíficas, pero lucharon por controlar los estallidos de violencia. Los manifestantes en Beverley Hills corearon: "*Cómanse los ricos.*"

## Miami

Cuando se levantó el *toque de queda* un Domingo por la mañana, filas de policías con cascos y escudos tuvieron que custodiar la sede de la policía. La evidencia de disturbios varió desde "*sistema roto*" pintado con aerosol en una pared hasta numerosas montañas de vidrios rotos y una patrulla policíaca incendiada. Los medios locales reportaron "*multitudes apasionadas*" en otras ciudades de Florida como **Tampa, Tallahassee, Coral Gables** y **Orlando**, coreando "*Sin justicia no hay paz.*"

## Nashville

Los organizadores de una manifestación coreando "*No puedo respirar,*" en contra del maltrato policíaco, condenaron a quienes transformaron las poderosas protestas en marchas caóticas nocturnas que resultaron en disturbios e incendios en el juzgado y el ayuntamiento. Cuando llegaron a la escena las tropas de la *Guardia Nacional* y se produjo un enfrentamiento violento.

## Salt Lake City

La capital del conservador estado de Utah nuca fue conocida como foco de disturbios, pero una protesta que denunciaba el racismo y la fuerza letal por parte de las fuerzas del orden se volvió violenta cuando los manifestantes incendiaron autos y arrojaron piedras a los negocios. La policía respondió con balas de goma y arrestos, según informó el *Salt Lake Tribune*, y agregó que antes, cientos habían marchado pacíficamente desde el departamento de policía hasta el capitolio.

### Cleveland

Hubo que establecer un *"toque de queda"* obligatorio desde el Domingo por la tarde hasta las 8 a.m. del Lunes por la mañana después de lo que comenzó como una manifestación en la que las personas usaban máscaras contra el coronavirus y distribuían desinfectante para manos, se intensificó un desorden y se destrozaron negocios. El gobernador de Ohio, Mike DeWine, solicitó y obtuvo la ayuda estatal y federal y se comprometió a "llevar ante la justicia a aquellos cuya ilegalidad convirtió una protesta pacífica en un motín." Otras ciudades de Ohio, **Cincinnati** y **Columbus**, también experimentaron disturbios.

### Raleigh

Unos 1,000 manifestantes corearon *"Queremos un cambio"* y se reunieron, golpeando tambores, frente al juzgado de esta ciudad de Carolina del Norte. Más tarde, los manifestantes se pararon cerca de la policía con equipo antidisturbios y gritaron: *"¿A quién protegen ustedes? ¿A quién sirven?"* Cuando los acontecimientos se tornaron tensos y luego violentos a medida que caía la oscuridad, la policía disparó bombas de humo y roció con gases lacrimógenos y pimienta al público y la prensa.

### Louisville

Una tercera noche de ira en Kentucky también marcó la muerte en Marzo de la residente **Breonna Taylor**, cuando la policía allanó su casa mientras dormía en la cama. Los disturbios durante tres noches incluyeron múltiples tiroteos, vandalismo y saqueos. *Juniyah Palmer*, la hermana de Breonna , dijo que la familia sólo respaldaba protestas no violentas y que quienes escalaron los disturbios *"ya no estaban haciendo esto por mi hermana."*

### Atlanta

Un segundo día de protestas vio 70 arrestos y el despliegue de tropas antes de más disturbios en **Savannah** y otros lugares de *Georgia*. Los funcionarios de **Atlanta** culparon a algunos provocadores de fuera del área por convertir las manifestaciones en violencia en la ciudad, una preocupación compartida por muchos otros líderes, incluso en **Minneapolis**. Las tiendas fueron saqueadas un viernes, pero las protestas del sábado siguiente en Georgia fueron más tranquilas.

## Dallas

El alcalde Eric Johnson apareció en la televisión un Domingo por la mañana para señalar que la mayoría de las 90 personas arrestadas en la ciudad de Texas el sábado no eran del área. **San Antonio**, Texas, estuvo bajo "*toque de queda*," y Dallas consideró lo mismo mientras los líderes religiosos organizan una reunión de oración el Domingo por la noche, "*por la justicia y contra el racismo*". **George Floyd** era de Houston y el alcalde de la ciudad dijo que su cuerpo regresaría allí para ser enterrado.

## Washington DC

Decenas de manifestantes rodearon la Casa Blanca y las multitudes se enfrentaron con agentes del Servicio Secreto, policías de parques nacionales y metropolitanos por dos noches consecutivas. La residencia presidencial estaba custodiada por vehículos blindados y personal armado mientras los sudorosos manifestantes finalmente se desbordaban y arrojaban fuegos artificiales y botellas; la policía mientras tanto blandía porras y disparaba bolas de gas pimienta en respuesta. Se produjeron saqueos esporádicos en otros lugares.

# Apéndice 7
# Casos célebres de corrupción política o personal en los Estados Unidos

La codicia y la lujuria, tanto por el poder como por el sexo, son los elementos esenciales de la mayoría de los escándalos políticos. Otros factores que contribuyen a menudo incluyen la mentira, la ofuscación, la obsesión, la bancarrota moral, la ingenuidad, la lealtad o la confianza fuera de lugar y la falta de buen juicio. Frecuentemente, una prensa de investigación vigilante está involucrada. Por lo general, la pregunta crucial es ¿*Quién sabía qué y desde cuándo*? A veces, las consecuencias para los perpetradores son nefastas y destructivas, pero a veces salen impunes. El impacto histórico de los escándalos puede ser transitorio o duradero y profundo. Aquí hay un vistazo a catorce de los mayores escándalos políticos en la historia de los Estados Unidos.

### El escándalo ABSCAM

El 2 de Febrero de 1980, el mundo se enteró de una investigación de alto nivel sobre la corrupción pública y el crimen organizado, con el infame nombre en código AB-SCAM.

Los detalles que se desarrollaron fueron fascinantes: todo, desde mafiosos que vendían pinturas robadas y valores falsos en New York, hasta políticos que traficaban con influencias en Washington DC. Había funcionarios gubernamentales de alto rango captados en video metiendo fajos de dinero de sobornos en sus bolsillos y diciendo cosas como: "*Tengo hurto en la sangre*," y agentes del **FBI** haciéndose pasar por representantes de un caudillo ficticio de Oriente Medio, reuniendo evidencia de estos crímenes de grandes ligas.

Todo comenzó en Julio de 1978, cuando comenzó la operación de atrapar a las figuras del bajo mundo de la ciudad de Nueva York que traficaban con arte robado. Se estableció una empresa falsa en Long Island, *Abdul Enterprises*, de ahí el nombre "*AB(dul)SCAM*," que se dijo era propiedad de un rico Jeque Árabe que deseaba invertir el dinero del petróleo en valiosas obras de arte. Se reclutó un informante que conectó la ley con delincuentes dispuestos a vender tesoros robados.

Funcionó. En cuestión de meses, se recuperaron dos pinturas por un valor combinado de US$1 Millón. A través de esa operación, se dieron a conocer varios delincuentes que comerciaban con acciones y bonos falsos.

El éxito duró varios meses. El trabajo encubierto terminó por detener la venta de valores fraudulentos por un valor de casi US$600 Millones. A partir de ahí, la investigación condujo al sur de Nueva Jersey, y luego a Washington, DC. Los contactos con criminales hizo posible descubrir a políticos en Camden, NJ, que estaban dispuestos a ofrecer sobornos para obtener una licencia de juego para el "*negocio*" en Atlantic City. Luego, cuando se dio a conocer "*el interés de obtener asilo del jeque en los Estados Unidos,*" esos políticos corruptos hicieron arreglos para que varios Congresistas de los Estados Unidos se reunieran con los tahúres, que ofrecieron lograr mucho más resultados si contaran con "*legislaciones especiales.*" Todo lo que necesitaban era $ 50,000 por adelantado y $ 50,000 adicionales después de aprobada la legislación.

A la larga, cuando se asentó el polvo, un Senador, seis Congresistas, más de una docena de delincuentes y funcionarios corruptos fueron arrestados, llevados a juicio, y declarados culpables.[12] Al igual que muchas investigaciones delicadas y de alto perfil, **ABSCAM** generó su parte de controversia. En particular, surgieron preguntas sobre si los esfuerzos encubiertos constituyeron una trampa. Los tribunales dictaminaron lo contrario, confirmando todas las condenas. Al final, el caso reafirmó la importancia de las operaciones encubiertas, y condujo a normas y salvaguardias más estrictas sobre este tipo de operaciones.

### La operación Greylord

Fue uno de los casos más importantes en los anales de las investigaciones de corrupción pública en Estados Unidos, y en ese momento, la investigación encubierta más larga y exitosa en la historia del **FBI**, y la redada de corrupción más grande jamás realizada en los Estados Unidos. Como resultado, se presentaron cargos de soborno e impuestos contra 103 jueces, abogados y otro personal judicial y, finalmente, dio lugar a tres suicidios. El 15 de Marzo de 1984, en un tribunal federal de Chicago, un jurado declaró culpable a **Harold Conn** de cuatro cargos de aceptar sobornos para pasarlos a los jueces del condado de Cook, Illinois, como pago por amañar multas. ¿La evidencia? El FBI lo habían captado en vivo en una película.

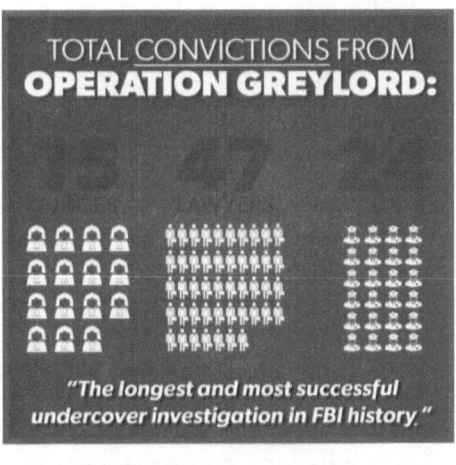

---

[12] El Senador **Harrison A. Williams** (D-NJ), los Representantes **Frank Thompson** (D-NJ), **John Jenrette** (D-SC), **Raymond Lederer** (D-PA), **Michael "Ozzie" Myers** (D-PA), **John M. Murphy** (D-NY), **Richard Kelly** (R-FL) y cinco otros oficiales del gobierno, incluyendo el Alcalde de Camden, **Angelo Errichetti** (D), el Presidente del Concejo Municipal de Filadelfia, **George X. Schwartz** (D), los Concejales de la ciudad de Filadelfia, **Harry Jannotti** (D), y **Louis Johanson** (D), y un inspector del Servicio de Inmigración y Naturalización de los Estados Unidos.

Este "*hombre de la bolsa*" había sido secretario adjunto del tribunal de tráfico en el sistema judicial del condado de Cook, y fue el primer acusado en ser declarado culpable en una gigantesca investigación encubierta de funcionarios corruptos en los tribunales del condado de Cook.

Se llamó **Operación Greylord**, por las pelucas rizadas que usaban los jueces Británicos.

Y al final, a través de operaciones encubiertas que utilizaron jueces y abogados honestos y muy valientes que se hicieron pasar por corruptos, y con la fuerte ayuda de la corte del condado de Cook y la policía local, se acusaron 92 funcionarios, incluidos 17 jueces, 48 abogados, ocho policías, 10 alguaciles adjuntos, ocho funcionarios judiciales y un legislador estatal. Casi todos fueron condenados y la mayoría se declaró culpable. Fue un primer paso importante para limpiar la administración de justicia en el condado de Cook.

Ese es realmente el punto. El abuso de la confianza pública no puede ni debe tolerarse. Las prácticas corruptas en el gobierno atacan el corazón del orden social y la justicia. El FBI tiene la tarea de hacer investigaciones de corrupción pública como su máxima prioridad.

Históricamente, por supuesto, estos casos se consideraban asuntos locales. ¿Un secretario de la corte del condado aceptando sobornos? Deje que el condado se encargue. En la década de 1970, sin embargo, los funcionarios estatales y locales pidieron ayuda; no tenían los recursos para manejar casos tan intensos y valoraban la autoridad y la credibilidad que los investigadores externos aportaban. Ya para 1976, el **Departamento de Justicia** había creado una Sección de Integridad Pública, y el **FBI** se encargó de las investigaciones, centrándose en la corrupción sistémica importante en el cuerpo político.

**La operación Mal Viento (Illwind)**

Ha sido la investigación más grande y exitosa del Departamento de Defensa de los Estados Unidos. El 14 de Junio de 1988, se anunció al mundo a través de una Comunicado de prensa. Cuando el polvo se asentó varios años después, el caso reveló que algunos empleados del Departamento de Defensa habían aceptado sobornos de empresas del Grupo Militar-Industria, la cambio de información privilegiada sobre licitaciones de adquisiciones que ayudaron a algunos de los contratistas militares más grandes del país a ganar lucrativos acuerdos de sistemas de armas.

En última instancia, se procesó a más de 60 contratistas, consultores y funcionarios gubernamentales, incluido un Subsecretario de alto rango del Pentágono y un Subsecretario adjunto de la Marina. Como medida monetaria de la importancia de los delitos, el caso resultó en un total de US$622 Millones en multas, recuperaciones, restituciones y decomisos.

La investigación comenzó, como lo hacen muchos casos de fraude y abuso, cuando una persona honesta se negó a participar en una actividad delictiva y, en cambio, se puso en contacto con las autoridades. En 1986, un consultor militar se acercó a un contratista de defensa de Virginia y le dijo que podía obtener información de licitación patentada de un competidor a cambio de dinero en efectivo. El contratista hizo lo correcto y reportó la conversación al **FBI** y al Servicio de Investigación Naval (**NIS**), hoy llamado Servicio de Investigación Criminal Naval, o **NCIS**.

El contratista accedió a cooperar y autorizó al NIS a monitorear las conversaciones telefónicas que tenía con el consultor. Después de recolectar suficiente información para determinar lo qué estaba tramando el consultor, el hombre fue confrontado, y él también accedió a cooperar. Pronto hubo suficiente causa probable para la primera vigilancia electrónica del caso autorizada por un tribunal, además de escuchas telefónicas, que hicieron posible desarrollar una sólida causa probable para otros.

Eso permitió que el **FBI** y sus socios en el caso, incluidos **NIS**, el *Servicio de Inteligencia Criminal de Defensa*, la *Oficina de Investigaciones Especiales de la Fuerza Aérea* y la *División Criminal del Servicio de Impuestos Internos*, ejecutaran más de tres docenas de órdenes de allanamiento el 14 de Junio de 1988, en Washington DC, y 12 estados. Esos registros de las oficinas de los contratistas de defensa, consultores y funcionarios gubernamentales arrojaron una montaña de pruebas, incluidos documentos financieros.

Siguieron una gran cantidad de acusaciones, y muchos de los acusados, frente a pruebas abrumadoras, incluidas conversaciones telefónicas grabadas en las que habían discutido sus delitos, simplemente se declararon culpables.

El legado de **Operation Illwind** es significativo. El escándalo conmocionó tanto a la nación que solo cinco meses después de que el caso se hizo público, se establecieron nuevas reglas que rigen las adquisiciones federales. La *Ley de Integridad en las Adquisiciones*, enmendada en 1996, sigue siendo la ley del país.

La investigación de varias agencias también fue innovadora, especialmente en el uso de vigilancia electrónica autorizada por la corte, y fue una de las primeras veces que se usó esa herramienta extensamente en una investigación de delitos de "*cuello blanco.*" Un cuarto de siglo después, el caso sigue siendo la investigación más grande y exitosa de fraude en adquisiciones de defensa en la historia de los Estados Unidos.

### El Vals de Tennessee ( The Tennessee Waltz)

Así es conocida una investigación histórica de corrupción pública en Tennessee que condujo a numerosas condenas y nuevas leyes estatales.

Uno de los sujetos en el caso de corrupción pública de la *Operación Tennessee Waltz*, hizo un trato con un agente encubierto del **FBI** en Agosto de 2004. La investigación condujo a la condena o declaración de culpabilidad de una docena de funcionarios públicos estatales y locales, incluidos varios Senadores estatales, un Representante estatal, dos Comisionados del condado y dos miembros de la Junta Escolar, y ayudó a impulsar nuevas leyes estatales de ética en Tennessee.

Esta investigación de corrupción pública del FBI, duró seis años, durante los cuales el público se cansó de oír términos como *Soborno*, *Tendero* (*Bagmen*), *Políticos corruptos*, *Lapsos éticos*, calificativos desagradables que formaban parte de los reportes diarios.

En Abril de 2008, la operación encubierta conocida como "*Tennessee Waltz*" ("*El Vals de Tennessee*" es la canción oficial del estado) terminó donde comenzó: un contratista que trabajaba en la oficina del secretario del tribunal de menores del condado de Shelby fue sentenciado por su papel en una estafa de facturas corruptas, aceptando dinero por trabajo nunca realizado. Fue el duodécimo y último sujeto llevado ante la justicia en el caso.

Tennessee Waltz fue una investigación histórica. Comenzó en Mayo de 2002, cuando la oficina del FBI de Memphis abrió una investigación sobre denuncias de fraude y corrupción en la *Oficina del Secretario del Tribunal de Menores*. Una de las personas a las que se interrogó, un conocido *cabildero* que asesoraba para esa oficina, admitió haber actuado mal y accedió a cooperar y usar equipo para grabar las conversaciones con los sospechosos. No pasó mucho tiempo antes de que el cabildero fuera abordado por un empleado de la oficina que afirmaba ser un conocido cercano de varios legisladores estatales. El empleado le informó al cabildero que él era un "*recaudador*" de estos políticos y que, a cambio de dinero, estos legisladores votarían sobre legislación que beneficiaría a los clientes del cabildero.

La investigación de corrupción se amplió, del gobierno local a la legislatura estatal. En el otoño de 2003, se lanzó una operación encubierta para abordar lo que parecía ser un problema generalizado de corrupción pública. Como parte de la operación, se organizó una empresa ficticia que reciclaba equipos electrónicos sobrantes a países del tercer mundo. Se planteó que era necesaria una legislación que beneficiara a esta empresa y que se buscaban contratos exclusivos con gobiernos locales. Los agentes encubiertos ofrecieron sobornos a personas que, según la información que se había logrado, era muy posible que los aceptaran... y, en efecto, lo hicieron. Al enterarse sus colegas, otros también se ofrecieron a aceptar sobornos.

Varios de los políticos corruptos incluso introdujeron legislación redactada por el FBI (pero nunca se aprobó ninguna). En total, se pagaron más de US$ 150,000 en sobornos cuando la parte encubierta de *Tennessee Waltz* terminó en 2005.

El caso, trabajado con la ayuda de la *Oficina de Investigación de Tennessee*, es uno de los ejemplos más exitosos hasta la fecha de cómo usar estrategias un tanto subrepticias pero definitivamente legales, como operaciones encubiertas para investigar denuncias de corrupción sistémica.

### El escándalo de Watergate

Un robo en un hotel de Washington DC en 1972, condujo a una investigación masiva de corrupción pública y a la renuncia del presidente. En las primeras horas de la mañana del 17 de Junio de 1972, un guardia nocturno en un hotel y complejo de oficinas de DC estaba haciendo sus rondas cuando notó una puerta de salida sospechosamente cerrada con cinta adhesiva. Rápidamente alertó a las autoridades, desencadenando una serie de eventos que cambiarían para siempre a los Estados Unidos.

El día del robo en la sede del *Comité Nacional Demócrata*, el director interino del **FBI**, *L. Patrick Gray*, fue notificado por teletipo del incidente y que uno de los arrestados era el oficial de seguridad del *Comité para Re. - Elegir al Presidente*.

El presidente de los Estados Unidos, **Richard Nixon**, finalmente fue incriminado por grabaciones en una cinta que había hecho de conversaciones en el Despacho Oval de la Casa Blanca. Los reporteros del Washington Post Bob Woodward y Carl Bernstein, canalizaron la investigación del juicio por allanamiento en constante expansión presidido por el juez *John J. Sirica* y el comité de investigación especial del Senado presidido por *Samuel J. Ervin, Jr.* El 9 de Agosto de 1974, frente a un posible juicio político, Nixon renunció. Casi una docena de asesores y acólitos de Nixon recibieron penas de prisión. Nixon fue indultado por su sucesor, el Presidente *Gerard Ford*.

Más de 40 años después, la palabra **Watergate** es sinónimo de delincuencia política y corrupción. De hecho, se ha arraigado tanto en la conciencia colectiva de nuestro país que simplemente agregar "-*gate*" al final de una palabra significa instantáneamente un escándalo.

Estaba claro desde el principio que no se trataba de un robo común y corriente, y el FBI se vio inmediatamente involucrado en la investigación políticamente más delicada de su historia. Al final, a pesar de algunos problemas en sus propias filas, los esfuerzos exhaustivos de la Oficina fueron invaluables para desentrañar la saga **Watergate**. Mucha gente no recuerda muchos detalles de "*Watergate*," pero no han olvidado al personaje llamado "*Deep Throat*," (garganta profunda), que mantuvo discretamente informadas a las autoridades. Resultó ser William *Mark Felt Sr.*, un agente de la ley que trabajaba para el FBI desde 1942, y finalmente ascendió al puesto de *Director Adjunto*, el segundo puesto de mayor rango del Bureau.

### El caso de William Jennings Jefferson

William Jennings Jefferson, un miembro en funciones del Congreso de los Estados Unidos, Representante por Luisiana, fue condenado por aceptar sobornos en 2005. En 2003 se recibió información confiable de que un miembro en ejercicio del Congreso de los Estados Unidos supuestamente estaba usando su cargo oficial para solicitar sobornos de empresas Estadounidenses interesadas en hacer negocios en África. Se abrió una investigación que indicó que el congresista en cuestión era William J. Jefferson, del segundo distrito del Congreso de Luisiana desde 1991.

La investigación reveló que de 2000 a 2005, Jefferson buscó cientos de millones de dólares para él y otros co-conspiradores Americanas de compañías cuyo éxito dependía de la aprobación de ciertas agencias gubernamentales del país y de países involucrados del África Occidental. Jefferson terminó embolsándose más de US$ 478,000, la mismo tiempo que malgastaba cuantiosos recursos del gobierno de Estados Unidos para promover sus objetivos ilegales. Al efectuarse un registro policial en su residencia, fueron encontrados US$90,000 en el congelador, en un paquete envuelto en papel de aluminio, escondido dentro de la caja de un pastel de manzana.

Jefferson pasó de ser un "*receptor de sobornos*" a ser un "*pagador de sobornos*" cuando fue captado por una cámara tomando US$ 100,000 en efectivo, para usarlos en el pago a un funcionario del gobierno Africano.

Las investigaciones revelaron 11 esquemas de soborno distintos que involucraron a Jefferson al frente de delegaciones comerciales oficiales en África; en ocasiones manteniendo correspondencia con funcionarios de gobiernos extranjeros y de Estados Unidos involucrados en actividades ilegales que incluían sobornos y pagos.

Más de 45 testigos participaron en el juicio , incluyendo una docena de funcionarios del gobierno de los Estados Unidos a los que Jefferson trató de influir para obtener un trato favorable para las empresas que le prometían sobornos. Fue declarado culpable en Agosto de 2009 y finalmente sentenciado a 13 años de prisión. Jefferson apeló varias veces, pero la Corte Suprema de los Estados Unidos finalmente rechazó la petición de revisar su condena. Como muchos de los casos de corrupción, la investigación de Jef ferson involucró el uso de técnicas sofisticadas, testigos que cooperaron, monitoreo consensuado, vigilancia electrónica autorizada por la corte, videovigilancia y análisis de registros financieros, así como otras capacidades que se utilizan contra organizaciones delictivas, crimen, redes sofisticadas de fraude financiero, y cárteles internacionales de drogas. caso de Jefferson contó con un testigo cooperante, una mujer de negocios de Virginia, que declaró que el congresista Jefferson se ofreció a usar su oficina en el Congreso para ayudar a su empresa en un negocio internacional a cambio de un porcentaje de propiedad de su empresa. Ella accedió, pero comenzó a cooperar con las autoridades...

> «ofreciendo información histórica sobre sus interacciones con el congresista y otros conspiradores, usando una grabadora corporal y reuniéndose con el congresista para obtener evidencia valiosa de su actividad corrupta.»

### El escándalo de Teapot Dome (la cúpula de la tetera)

El Presidente **Warren G. Harding** aparentemente era un tipo muy agradable (aunque un mujeriego) que realmente no sabía cómo elegir a sus amigos. Muchos miembros del *Ohio Gang*, que habían ascendido a altos cargos políticos enganchando sus vagones a la estrella en ascenso de *Harding*, se vieron envueltos en escándalos. El fiscal general *Harry Daugherty*, durante mucho tiempo director de campaña de *Harding*, fue acusado de vender suministros de alcohol del gobierno durante la Prohibición. *Charles R. Forbes*, jefe de la Oficina de Veteranos, fue condenado por cargos de soborno y corrupción. Pero el escándalo por el que se recuerda a Harding fue ideado por el secretario del Interior, *Albert B. Fall*.

Se habían preservado dos grandes reservas de petróleo para las necesidades energéticas de la Marina de los Estados Unidos: *Elk Hills*, en California, y *Teapot Dome*, cerca de Casper, Wyoming. *Albert B. Fall* persuadió a *Harding* para que transfiriera el control de las reservas de la Marina al Departamento del Interior. Luego, en 1921–22, sin buscar ofertas competitivas, *Fall* arrendó *Elk Hills* al magnate petrolero *Edward L. Doheny* de Pan American Petroleum Company y *Teapot Dome* a *Harry F. Sinclair* de Mammoth Oil. Investigaciones posteriores del Congreso sobre el escándalo de *Teapot Dome* revelaron que Fall había recibido hasta US$400,000 en pagos y préstamos como soborno para facilitar los arrendamientos, que posteriormente fueron rescindidos por el Congreso. *Fall* fue condenado por aceptar sobornos y se convirtió en el primer miembro del gabinete en ser encarcelado. Harding nunca estuvo implicado personalmente en el escándalo, pero el estrés relacionado afectó su salud y murió en el cargo.

## El escándalo del Whisky Ring (la Ganga del whisky)

Al igual que Harding, **Ulysses S. Grant** fue visto como un hombre de gran integridad personal, pero, igual que Harding, Grant era un mal juez de carácter, y su administración presidencial estaba inundada de corrupción. En 1869, los compinches de Grant, *Jay Gould* y *James Fisk*, provocaron la crisis del mercado de valores del *Viernes Negro*.

Antes de las elecciones de 1872, Grant envió a Missouri al supervisor de Rentas Internas, el general *John McDonald*, para reforzar su menguante apoyo político. McDonald "*recompensó*" la confianza de Grant al establecer el "*Whiskey Ring,*" una red criminal multiestatal en la que los destiladores de whisky, los agentes del Tesoro e Impuestos Internos, los comerciantes y otros, trabajaron juntos manipulando los impuestos al licor para defraudar al gobierno federal de algunos US$1.5 Millones de dólares al año en 1873. En 1875, cuando el secretario del Tesoro, *Benjamin Bristow*, estaba disolviendo el círculo, Grant nombró a un fiscal especial, *John B. Henderson*. Cuando Henderson comenzó a acercarse al secretario personal de Grant, *Orville E. Babcock*, e insinuó que Grant podría estar involucrado, el presidente despidió y reemplazó a Henderson. Convencido de que Babcock era inocente, Grant testificó en su favor. Babcock quedó en libertad, pero 110 de las otras 237 personas acusadas fueron condenadas.

## El escándalo de Crédit Mobilier

La administración de **Grant** también estuvo plagada por el escándalo de Crédit Mobilier. Esta vez, los propietarios de *Union Pacific Railroad*, que estaban construyendo un ferrocarril transcontinental en terrenos otorgados por el gobierno,

y financiados por la venta de acciones y bonos aprobados por el gobierno, utilizaron una pequeña empresa de inversión a la que habían rebautizado como *Crédit Mobilier of America* para pagarse ellos mismos aproximadamente el doble del costo real de construir el ferrocarril, obteniendo una ganancia neta de entre US$ 33 Millones y US$ 50 Millones.

Con el fin de ganarse el apoyo del gobierno y evitar la investigación del Congreso, uno de los creadores de *Crédit Mobilier*, *Oakes Ames*, miembro de la Cámara de Representantes de Massachusetts, había repartido acciones a unos 20 de sus colegas, así como al vicepresidente *Schuyler Colfax*.

Cuando estalló el escándalo, *Ames* y el representante *James Brooks* de Nueva York, que se había desempeñado como director de gobierno de *Union Pacific*, fueron censurados. Sin embargo, los roles de otros accionistas prominentes de *Union Pacific*, incluidos Colfax y el futuro presidente James A. Garfield, fueron excluidos de culpa.

### El asunto Irán-Contra

Dos acciones que habían sido proscritas por la política o la ley de los Estados Unidos están en el centro del asunto *Irán-Contra*, que se desarrolló durante el segundo mandato presidencial de Ronald Reagan:

(1) la venta secreta de armas a Irán en un intento fallido de ganar la libertad para los rehenes Estadounidenses retenidos en el Líbano, y

(2) el uso de algunas de las ganancias de esas ventas para brindar apoyo militar a los esfuerzos contrarrevolucionarios de los *Contras* en Nicaragua. Aunque Reagan había llamado a los Contras el *"equivalente moral de nuestros Padres Fundadores"*, no había podido persuadir al Congreso para que autorizara la financiación de sus esfuerzos, lo que estaba prohibido por las *Enmiendas Boland*, dos enmiendas legislativas del Congreso de los Estados Unidos, entre 1982 y 1984, ambas destinadas a limitar la asistencia del gobierno Americano a los *Contras* en Nicaragua. A medida que las audiencias del Congreso televisadas diariamente daban a conocer lo que ocurría e Nicaragua, se reveló que el teniente del Cuerpo de Marines de los Estados Unidos, el coronel *Oliver North*, que trabajaba en el *Consejo de Seguridad Nacional*, había desempeñado un papel fundamental en lo que algunos observadores caracterizaron como un programa encubierto de *"gobierno en la sombra,"* que apoyaba a los Contras.[13] Reagan afirmó no haber tenido conocimiento del desvío de fondos. Vicepresidente George H. Bush no tuvo un papel "*operativo*" en el plan. La inmunidad

---

[13] Los **Contras**, i.e., la contrarrevolución, eran diversos grupos rebeldes de derecha, respaldados y financiados por los Estados Unidos, que se mantuvieron activos desde 1979 hasta 1990, en oposición al Gobierno de Reconstrucción Nacional en Nicaragua, (la Junta Marxista Sandinista) que llegó al poder en 1979 después de la Revolución Nicaragüense contra Anastasio Somoza.

otorgada a varios participantes, y los indultos presidenciales posteriores, resultaron en muy pocos transgresores fueron a prisión.

### El asunto Bill Clinton-Mónica Lewinsky

Mientras se desempeñaba como abogado independiente para una investigación sobre los tratos financieros de Bill Clinton como gobernador de Arkansas (la investigación "*Whitewater*"), *Kenneth W. Starr* se enteró de que Clinton había tenido una relación sexual con una becaria de la Casa Blanca, *Mónica Lewinsky*. La noticia se hizo pública y se desató una verdadera tormenta en la prensa. Durante unos ocho meses, *Clinton*, que ya había sobrevivido a acusaciones anteriores de infidelidad conyugal durante la campaña electoral de 1992 y nuevamente en 1996, negó con vehemencia haber tenido relaciones sexuales con *Lewinsky*. Cuando surgieron pruebas de **ADN** que probaron el rumor, *Clinton* admitió en Agosto de 1998 la relación con *Lewinsky*, pero negó haber mentido bajo juramento, expresando su defensa en un análisis torturado del lenguaje: "*Depende de cuál sea el significado de la palabra 'es ' es* ", dijo. La Cámara de Representantes acusó a Clinton de perjurio y obstrucción de la justicia en Diciembre de 1998, pero la sangre no llegó al rio; el Senado lo absolvió en Enero de 1999.

### El incidente de Chappaquiddick

Las posibilidades de que *Ted Kennedy* se convirtiera en presidente de los Estados Unidos se vieron socavadas por su participación en la muerte de *Mary Jo Kopechne*, de 28 años, en las aguas de un pequeño puente a la isla *Chappaquiddick* en Massachusetts, la noche del 18 de Julio de 1969. *Kennedy* fue uno de seis hombres, todos casados, que habían pasado el día socializando con jóvenes trabajadoras de campaña. *Kopechne* era el único pasajero cuando el automóvil que conducía *Kennedy* se cayó del puente. Afirmó haber tratado de rescatar a *Kopechne*, quien a la mañana siguiente sería encontrada atrapada en el automóvil, ahogada, pero pasaron unas 10 horas antes de que

*Kennedy* denunciara el incidente a la policía. Mientras tanto, *Kennedy* aparentemente buscó consejo sobre cómo proceder. Más tarde informó que

había resultado herido y desorientado después del accidente. Muchos entre el público tenían dudas y cuestionaron la honestidad y el coraje de *Kennedy*. En una contrita declaración televisada, *Kennedy* dejó su destino político en manos de los votantes de Massachusetts, que lo reeligieron para el Senado de los Estados Unidos. El escándalo que rodeó el incidente perseguiría a Kennedy por el resto de su vida, sobre todo cuando desafió sin éxito al titular *Jimmy Carter* por la nominación presidencial del Partido Demócrata en 1980.

### "Mamá, mamá, ¿dónde está mi papá?"

Podría decirse que el escándalo sexual más grande del siglo XIX se produjo durante las elecciones presidenciales de 1884, cuando la imagen absolutamente limpia del candidato demócrata **Grover Cleveland** (conocido como "*Grover el Bueno*") fue mancillada agresivamente por los republicanos, cuyo candidato, *James G. Blaine*, fue ampliamente visto como corrupto.

10 años antes, *Cleveland* había tenido un hijo fuera del matrimonio con *Maria Halpin*, una viuda. Después de reconocer la paternidad, *Cleveland* envió a su hijo a un orfanato e hizo internar a *Halpin* en una institución mental.

Durante el calor de la campaña presidencial, la prensa partidista libró una guerra por la "*verdad*" detrás de esa historia, especialmente después de que un juez publicara una caricatura en la que *Halpin* sostiene a un bebé que llora y grita "*¡Quiero a mi papá!*," mientras un asombrado *Cleveland* observa. Rápidamente, la pregunta "*Mama, ¿dónde está mi papá?*" se convirtió en el grito de guerra burlón de los republicanos.

Los periódicos Demócratas defendieron el carácter de *Cleveland*, presentaron a *Halpin* como una mujer de la vida y finalmente acusaron a *Blaine* de embarazar a su esposa antes de casarse. Los periódicos Republicanos pintaron a *Cleveland* como un réprobo lascivo y lampiño, indigno de la presidencia. Al final de la campaña, *Halpin* ofreció

Rachel Jackson

su propia versión, retratando a *Cleveland* como un violador. *Cleveland* ganó la elección reñida y los Demócratas agregaron "¡*Se fue a la Casa Blanca... Jajaja!*" como contestación a la persistente pregunta de los Republicanos.

### ¿Fue bígama Rachel Jackson, la esposa de Andrew Jackson?

Durante el período previo a las elecciones presidenciales de 1828, en las que *Andrew Jackson* trató de derrocar a *John Quincy Adams*, los opositores de *Jackson* dieron mucha importancia a la acusación de que la esposa del candidato Jackson, *Rachel*, era una divorciada, que en realidad todavía estaba casada con su primer marido cuando accedió a casarse con Jackson.

Calificando a Rachel de adúltera, bígama y prostituta, los críticos de *Jackson* argumentaron que ella no era moralmente apta para servir como primera dama. Que el matrimonio de Rachel con *Lewis Robards* fuera infeliz era indiscutible. Se discutió cómo terminó el matrimonio. Según Robards, *Jackson* le robó a su esposa y se la llevó a Florida. En la versión de Jackson, el simplemente rescató a Rachel del abuso doméstico. En cualquier caso, Robards solicitó el divorcio en 1790, pero su caso no se conoció hasta 1793, cuando se le concedió el divorcio con el argumento de que *Rachel* lo había abandonado para vivir en adulterio. Mientras tanto, los *Jackson* afirmaron haberse casado en Florida, aunque la documentación de su matrimonio no llegó hasta enero de 1794 cuando organizaron una nueva ceremonia supuestamente para solucionar el problema de dudas que lo aquejaban. Profundamente herida por los ataques a su carácter, Rachel murió de un infarto el 22 de Diciembre de 1828, después de la elección de *Jackson* pero antes de que pudiera convertirse en primera dama. Su lápida dice: *"Un ser tan gentil y, sin embargo, tan virtuoso, la calumnia la podría herir, pero no deshonrar."*

# Apéndice 8
# Escenas diarias en la frontera sur de los Estados Unidos

**300 mil** centroamericanos indocumentados cruzan por los mil kilómetros de la frontera México-Guatemala-Belice

① Entran a México por Tabasco, Chiapas y se dividen en tres rutas: una que comienza en Arriaga y que los lleva por el golfo de México hasta alcanzar la frontera

③ Por Tapachula, Chiapas, recorren la costa del Pacífico para llegar a San Diego, California, atravesando el desierto de Sonora

② En la frontera con Chiapas abordan el tren que los lleva por el centro del país, donde cruzan estados como Puebla, Guanajuato, Querétaro y Zacatecas hasta llegar a Chihuahua

**EL CAMINO DE LOS COYOTES**

**TONELADAS DE FENTANILO CRUZAN LAS FRONTERAS**

DIOS SALVE AMÉRICA

# Apéndice 9

# Síntomas Visibles de Decadencia de los Estados Unidos en el Siglo XXI

Los Imperios, por poderosos que hayan sido, generalmente han durado 250 años o menos a lo largo de la historia. Al final de la segunda década del siglo XXI, se cumplen ya más de 250 años de hegemonía Norteamericana. La historia no necesariamente se repite, pero los indicios de la terminación de los Estados Unidos como gran imperio son evidentes. He aquí lo que la prensa mundial y nacional continúa insistentemente presentando:

Partidos politicos irreconciliables

Dos sistemas paralelos de justicia

- Nunca ha existido una **rivalidad** interna tan intensa entre los partidos políticos Americanos como la que existe en el Siglo XXI.
- La actividad y regularidad **religiosa** del país nunca ha sido tan exigua como muestran las estadísticas de asistencia al culto en casi todos los centros religiosos.
- La Casa Blanca, por primera vez en la historia, está bajo el control de una dirigencia de poco prestigio, comprometida en muchas ocasiones en actos **deshonestos**.
- Se ha aceptado que en el Congreso y el Senado se permita que personas **incapacitadas** mentalmente por enfermedad o accidentes, representen a los electores a pesar de no poder aportar nada a las deliberaciones.
- No cabe duda de que se ha impuesto un sistema de **justicia** desigual para las personas afines al gobierno y las que se encuentran en oposición. Para complacer y ganarse a una exigua minoría, el gobierno federal ha visto con indiferencia el surgimiento de **transposiciones** de sexo, y ha defendido la aceptación de **experimentos** en menores de edad.

Indoctrinación sexual indebida

Fronteras abiertas

- Las fronteras de la nación Americana han dejado de servir para controlar y proteger la seguridad de la ciudadanía, miles de inmigrantes puedan **entrar en el país ilegalmente**, sin tener que identificarse ni probar sus calificaciones o intenciones.

- La importación ilegal de drogas y estupefacientes ha provocado serias epidemias de **adicción, suicidio** y **delincuencia**, y parece ser incontrolable.

Proliferación de drogas y drogadictos

- Las **guerras innecesarias** e injustificables han disminuido notablemente la reputación y el prestigio de la nación frente al resto del mundo.
- Los dirigentes, profesores y estudiantes de los centros de estudio superiores se han radicalizado, acudiendo a la **censura** y el rechazo del debate de ideas.
- Las múltiples dádivas y apropiaciones monetarias del estado ha creado un sector social que prefiere vivir ociosamente y **rechazar el trabajo**.
- Núcleos considerables de jóvenes revoltosos han hecho víctimas y asaltan tumultuosamente y en grupo a muchos comerciantes y mercados privados, causando **pérdidas económicas** y la fuga del capital empresarial.
- Los servicios públicos como trenes, subways y autobuses, han dejado de ofrecer seguridad a sus usuarios debido al **exceso de delincuencia** y **asaltos**.
- Numerosas empresas comerciales Americanas han establecido lucrativos **negocios con países enemigos** de los Estados Unidos, anteponiendo sus ganancias al respaldo a la industria y el comercio interno.

Rechazo al trabajo

- Muchas ciudades Americanas se han convertido en campos de batalla en los que las protestas ciudadanas han dejado de ser respetuosas y pacíficas, para dar lugar a **violencia** y **arsonismo**.
- En muchas ciudades y distritos, los fiscales públicos han propiciado el aumento en criminalidad al reducir numerosos **delitos serios** a delitos menores.

Asaltos a comercios

Violencia y vandalismo

DIOS SALVE AMÉRICA

**Olga Isabel Nodarse** nació en Matanzas, en el seno de una distinguida familia que incluía al Poeta Nacional de Cuba *Agustín Acosta* y su esposa, la tía abuela de Olga Isabel, *María Isabel Schweyer*, y era visitada frecuentemente por el *General Pedro Betancourt*, y por *Mons. Alberto Martín Villaverde*, Obispo de Matanzas. A los 16 años, con sus padres presos por el régimen marxista, Olga se exilió como *Pedro Pan*, al frente y a cargo de un grupo de niños de cinco a trece años. Inició sus estudios de en *Trinity College*, en Washington, donde se graduó recibiendo el T-PIN, un honor otorgado al graduado más meritorio, y recibió una *Beca Kellogg* para continuar estudios en *The School of Advanced International Studies en Johns Hopkins University*. Su muy diversa carrera profesional incluyó una *Maestría en Psicología* de la Universidad de Northern Iowa, ser editora de la *Revista de la Oficina de los Obispos Americanos ante la ONU*, donde conoció al *Papa Pablo VI*, la dirección de la *Clínica Psicoeducacional de Puerto Rico* y la presidencia de la *Women's League Voters* of Puerto Rico. Con posterioridad fue directora de *Schweyer-Galdo Galleries* en Michigan, asesora de *Reporteros sin Fronteras* en París, y fundadora y presidenta de *The Cuba Corps*, una organización cívica encubierta que educaba a niños y jóvenes en más de 30 ciudades y pueblos de Cuba. Como consultora cultural, Olga trabajó con empresas y agencias gubernamentales en los Estados Unidos, Europa y América del Sur. Fue *Tasadora de Arte Acreditada por la ISA* y era considerada una experta en arte cubano.

**Raúl Eduardo Chao Raúl Eduardo Chao** fue Secretario General Nacional de la *Juventud Católica Estudiantil* de Cuba en sus días de estudiante en las Universidades de La Habana y Villanueva, y una vez en el exilio se doctoró en la Universidad *Johns Hopkins* de Baltimore. Luego de varios años en *Esso Research and Engineering Company*, pasó 18 años en el mundo académico, como Profesor Titular y Director de los *Departamentos de Ingeniería Química en las Universidades de Puerto Rico y Detroit*, y consultor e investigador en la división de *Propulsión y Potencia del Centro Espacial Johnson de la NASA* en Houston. En 1986 fundó una firma de consultoría enfocada en  ayudar a empresas y agencias gubernamentales a desarrollar un ambiente de trabajo positivo e implementar técnicas de mejora de procesos con aumentos simultáneos en productividad y calidad. *El Grupo Systema* tenía como clientes empresas clasificadas en *Fortune 100* y diversas organizaciones federales y estatales, tanto en Estados Unidos como en Europa, Centro y Sudamérica. Como presidente de *Systema*, Chao ha escrito más de 40 libros sobre gestión, política, ciencia e historia, y numerosos artículos en periódicos y revistas académicas. Desde 1985, su nombre figura en *Quién es Quién en Ingeniería* y en *American Men of Science*.

www.ingramcontent.com/pod-product-compliance
Lightning Source LLC
Chambersburg PA
CBHW030528080526
44586CB00011B/360